徐霞客游記大觀
上海掃葉山房發行
民國十三年孟春出版

徐霞客
大觀
上海掃葉山房發行

徐霞客遊記

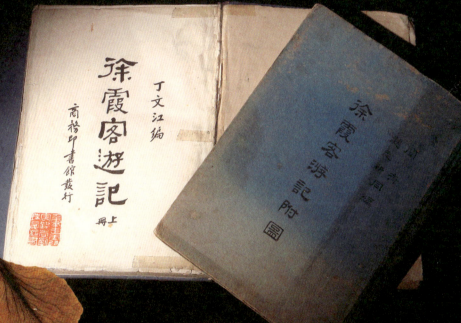

徐霞客遊記
丁文江編
商務印書館發行
上冊

徐霞客遊記附
圖

記遊客霞徐

霞客遊記
廣益書局刊行
下冊

徐霞客遊記
廣益書局刊行
上冊

徐霞客遊記
新式標點
卷四
1924.

徐宏祖 著
徐霞客遊記
（全一冊）

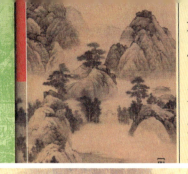

徐霞客游记

古今纪游第一
徐霞客游记
山川之大，行方可知
〔明〕徐弘祖◎著　杨毅镜◎解伴

古典名著普及文库
〔明〕徐弘祖 著
徐霞客游记

游记徐霞客

徐公书　王朝闻 选评

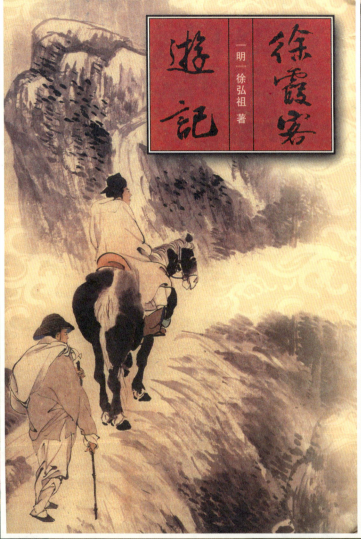

徐霞客游记

一明 徐弘祖 著

游记

徐霞客游记
珍藏本

徐霞客游记

徐霞客游记

徐霞客游记

新中国（大陆部分）版本

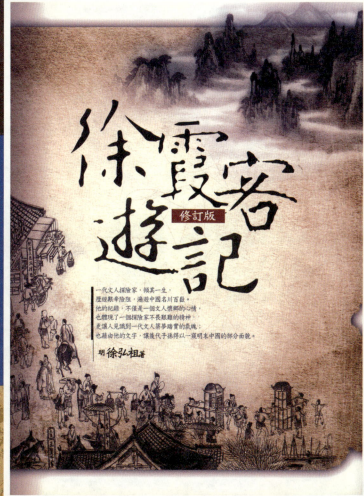

徐霞客遊記 修訂版

明 徐弘祖著

一代文人探險家，傾其一生，
歷綿艱辛險阻，遍遊中國名川百嶽。
他的紀錄，不僅是一個文人懷鄉的心情，
也體現了一個探險家不畏艱難的精神，
更讓人見識到一代文人索學踏實的氣魄；
也藉由他的文字，讓後代子孫得以一窺明末中國的部分面貌。

台港地區版本

記遊客霞徐 新譯

英译
徐霞客

外文版本

Xu Xiake (Hsü Hsia-k'e)

RANDONNÉ
AUX SITES
SUBLIMES

traduit du chinois,
présenté et annoté par Jacques

Li Chi
The Travel
of Hsü Hsi

LIBRARY OF CHINESE
CHINESE-ENG

大中华
汉英对照

徐霞客
THE TRAVEL DIARIE

I

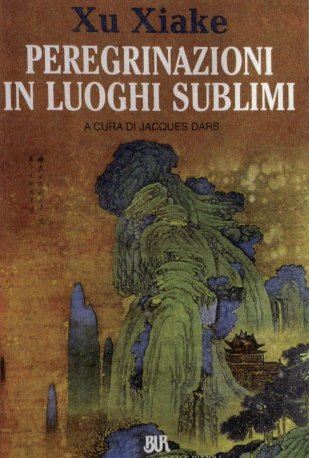

Xu Xiake

PEREGRINAZIONI
IN LUOGHI SUBLIMI

A CURA DI JACQUES DARS

BUR
BIBLIOTECA UNIVERSALE RIZZOLI

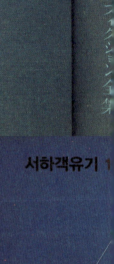

世界ノンフィクション全集

서하객유기 1

徐霞客遊記

Xu Xiake
(1587–164

The Art of Travel
Writing

JULIAN WARD

INSCRIBED LANDSCAPES

Travel Writing from Imperial China

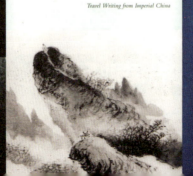

서하객
김훈희 지음 · 이주노 옮김

连环画版本

褚绍唐、吴应寿整理本部分书影

中国历代名著全译丛书

徐霞客游记全译

[明]徐弘祖 著 朱惠荣 等 译注

四

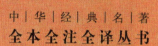

中｜华｜经｜典｜名｜著
全本全注全译丛书

徐霞客游记

朱惠荣 李兴和 译注

【一】

中华书局

[明]
徐霞客 著

朱惠荣全注全译本部分书影

版本展示

▷ 络绎不绝的参观者

▽ 2013 年 8 月，为纪念中国徐霞客研究会成立 20 周年，"霞印天下"主题书画展在中国地质博物馆举行。本书作者收藏的不同时期出版的《徐霞客游记》参展。图为全国人大原副委员长、全国妇联原主席顾秀莲（右二），全国政协原副主席张怀西（右一）观看各种版本。

▷《游记》版本陈列柜

徐霞客游记书影

刘瑞升 著

Liu Ruisheng

PRINTED MATTERS OF THE TRAVEL DIARIES OF XU XIAKE

上海遠東出版社

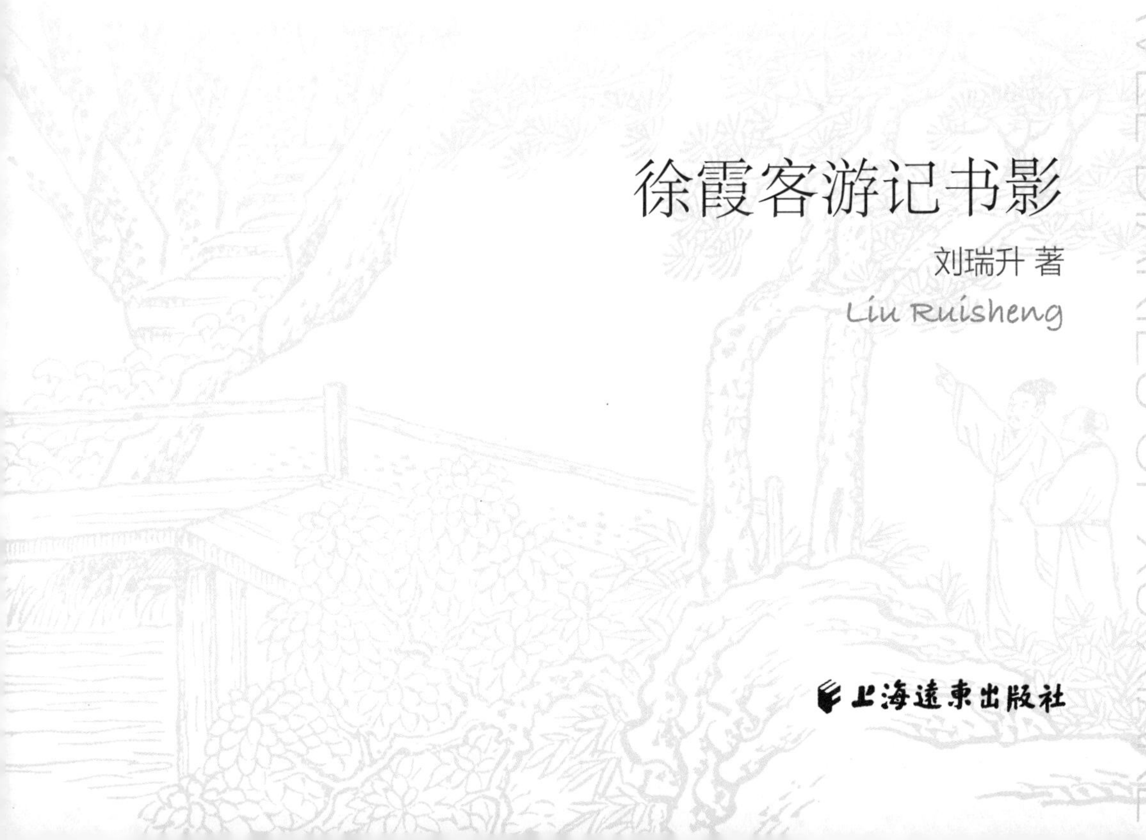

图书在版编目（CIP）数据

徐霞客游记书影 / 刘瑞升 著 . —上海：上海远东出版社，2017

ISBN 978-7-5476-1255-2

Ⅰ . ①徐…　　Ⅱ . ①刘…　　Ⅲ . ①游记—中国—明代 ②历史地理—中国—明代 ③《徐霞客游记》—书影 Ⅳ . ① K928.9 ② G256.29

中国版本图书馆 CIP 数据核字（2017）第 032426 号

徐霞客游记书影

刘瑞升 著

策划 / 黄政一　　责任编辑 / 黄涵清　　封面设计 / 张晶灵　　版面设计 / 张晶灵

出版：上海世纪出版股份有限公司远东出版社

地址：中国上海市钦州南路 81 号

邮编：200235

网址：www.ydbook.com

发行：新华书店　　上海远东出版社

　　　上海世纪出版股份有限公司发行中心

印刷：上海文艺大一印刷有限公司

装订：上海文艺大一印刷有限公司

开本：710×1000　　1/16　　印张：18　　插页：12　　字数：375 千字

2017 年 4 月第 1 版　　2017 年 4 月第 1 次印刷

印数：1—1050 册

ISBN 978-7-5476-1255-2/G·794

定价：83.00 元

霞容先生遺像

咸豐壬子夏日吳儁摹

1587 - 2017

谨以此书纪念 "一介布衣" 徐霞客诞辰 430 周年

目次 | CONTENTS

第一章　民国版本（1912–1949）

本章收录的民国版《徐霞客游记》涉及 11 个出版机构出版发行的 35 个版本。民国年代适值印刷术的变革期，即从石印、宣纸、线装，转变为铅印、道林纸（胶版纸）或铜版纸、洋装（精装或平装）。让其他同时代出版的古籍"刮目相看"的是，《游记》涉及民国年间很多文化名人、著名出版家，他们或作序，或著文，或点校，或担任发行人等，包括梁启超、胡适、周建人、王云五、丁文江、翁文灏、叶良辅、沈松泉、刘虎如、方豪、曹聚仁、王成组等。民国版《游记》，是这个年代中国出版境况的一个缩影。

第二章　新中国（大陆部分）版本（1980–2016）

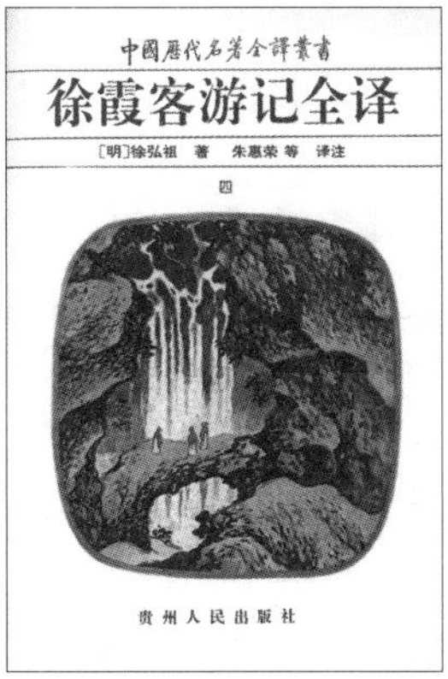
中國歷代名著全譯叢書
徐霞客游记全译
〔明〕徐弘祖 著 朱惠荣等 译注
四
贵州人民出版社

据了解，1949年到1979年的30年间，大陆没有出版过《徐霞客游记》（包括选本）。1980年，上海古籍出版社首开先河，推出褚绍唐和吴应寿整理本《徐霞客游记》。自此至今的36年间，按本书著者的收藏本统计，共有64家出版机构出版了124个版本（含放在民国版本中的丁文江编本）。一批学术大家为这一时期出版的《游记》出谋划策，包括谭其骧、侯仁之、任美锷、黄秉维、朱惠荣、李惠铨、徐公持、吴传钧、唐锡仁、羊春秋、臧维熙、江牧岳等。这期间，时任国家主席的李先念、时任国务院总理的温家宝、时任云南省委书记的普朝柱，为不同版本的《游记》或题词或写贺信或作序。5月19日，即徐霞客目前行世的首篇游记的时间，于2011年经国务院批准，成为中国旅游日。

第三章　　　**台港地区版本（1964-2015）**

　　本章收入了 1964 至 2015 年间，台湾地区和香港地区 10 家出版机构出版的《徐霞客游记》17 部。台湾地区三民书局《新译徐霞客游记》，注释及语译皆力求详赡精准，评析部分则以徐霞客及其自然观、艺术观为中心，深入剖析《徐霞客游记》所揭示的人与自然的关系，不失为一个好的读本。台湾古籍出版有限公司出版的 10 卷本《徐霞客游记》，得到贵州人民出版社授权，这是版权输出的一个范例。而出版普及本《游记》比较成功的例子，当属台湾地区商周出版社出版的全铜版纸、全彩色印刷版。该版本图文并茂，不断再版，大陆的出版社还曾引进其版权。

第四章 　　　外文版本（1960—2016）

　　10 部外文版《徐霞客游记》，语言为英文、法文、韩文、日文和意大利文。其中韩文 7 册为全本，在译本中独树一帜。湖南人民出版社 2016 年 9 月版英译本《游记》，尽管不是全译本，但总字数达 95 万字，据了解是目前外文版《游记》中字数最多的一部。本章还收入鲜为人知的两部作品，一是石听泉（Richard E. Strassberg）的《题写的风景：中国历朝游记》（Inscribed Landscapes: Travel Writing from Imperial China），二是英国学者汪踞廉（Julian Ward）的《徐霞客（1587—1641）：游记文学的艺术》（《Xu Xiake(1587—1641): The Art of Travel Writing》）。

第五章 　　　连环画版本（1980—2012）

　　利用连环画的艺术形式表现徐霞客的行旅生活，始于 1980 年 9 月陕西人民美术出版社出版发行的《徐霞客》。接下来的 30 余年间，有 9 部不同形式的连环画问世，其表现手段包括白描画、电影剧照及漫画等。

在这章中，辑录的是部分图书馆馆藏的 110 部《徐霞客游记》名录。除浙江师范大学的 5 册 (1 函) 本是 2012 年北京国家图书馆出版社出版发行的宣纸影印本外，余下的均为清至民国年间的版本，时间跨度达 368 年，包括抄本、活字本、刻本、石印本及铅印本等。这不是《游记》版本的全部，但基本涵盖了从清到民国年间以不同形式出版的《游记》版本。未与原书核准，仅供参考。

附 录   **251 《徐霞客游记》版本概览**（节选）

执着追求必有成

　　刘瑞升同志是一位执着的收藏家。收藏家必须执着，为追求藏品的丰富和独特，持之以恒。瑞升同志也是一位研究型的收藏家。收藏家要"懂行"，但把收藏和研究紧密结合在一起，自不多见。瑞升收藏《徐霞客游记》各种版本，我早有所闻。后来又听说他把收藏的众多版本公开展出，引起各方好评。近日收到他的《徐霞客游记书影》样稿，真是让人大开眼界。

　　版本收藏历来为众多学者和收藏家所重视。但在漫长的历史进程中，对于版本仅限于文字记录，详细记录行格、字数、页码、尺寸等数字，但版式、装帧及品相等只能笼统地描述。近代摄影技术的传入，特别是彩色摄影印刷的推广，才使"为书籍留真"的理想变成了现实，重要版本的书影都可进入寻常百姓家。"物以稀为贵"，收藏家多追求稀缺的物品，瑞升的收藏也是如此。他有经多次搜集配齐的"百衲本"《徐霞客游记》，还有配错书页、存在印刷质量，被读者要求退换，又从台湾地区来到大陆的"错版书"。又如《徐霞客游记校注》，该书虽只印过三次，但过程有些曲折。原是七二一六工厂铅印打纸型，1993年出版社决定用原纸型重印，已经上马，但获知1994年将举行中国云南徐霞客旅游文化活动暨学术讨论会、系列活动的内容包括重印《徐霞客游记校注》后，决定推后印刷，已印的版权页注为"1993年12月"上市。瑞升收藏的当属此本，印数很少，我都未见过，是难得的稀见版本。后来增加了云南省委书记普朝柱的《〈徐霞客游记校注〉重印序》，有普书记的亲笔签名，并注时间"一九九四年五月"。第二次印刷的大部分收入了普书记的《序》，赶在1994年11月的活动期间发行，并由省新闻出版局举行重印座谈会。再后来，我用"《四库全书》本"所收《徐霞客游记》进行通校，改动不少，正愁纸型挖补不便。出版社决定重印，但昆明的铅印设备已被淘汰，只得用电脑重新排版，我总算有机会顺利处理需要改补的地方。准确些说，1999年增订本应该是该书的第二版。

《徐霞客游记书影》向读者提供的信息是多方面的。该书所反映的时代，是中国社会大变革的时代，也是中国出版技术突飞猛进发展的阶段，雕版印刷逐渐被石印、胶印、活字印刷所代替，后来又成为电脑排版的天下。书籍的形象也在变化，从"线装书"变成"洋装书"，又分平装和精装。为了适应人们阅读，从偶有句读符号变成简单标点，后来逐渐完善为新式标点，最终成为今天出版物统一使用的规范标点符号。从繁体字直排，顺序从右到左，变为简化字横排，顺序从左到右。从中国出版史的各方面进行考察，这一百多年具有时代的典型性。近些年，全书彩色印刷发展迅速，令人们眼花缭乱的图书形象或有条件地集中展陈，或集于一册。瑞升同志对各书封面的色彩、图案、纹饰皆有描述，并评价其设计装帧的得失，其中有不少创见。与书影对照，图文并茂，相得益彰。当然，作为专题书影，其所反映和记录的近百年来《徐霞客游记》的版本变迁，更是大大充实了徐学研究的内容。

对于今天的读者朋友，接触古代典籍，懂得一点版本知识，具有版本意识，也是必要的。

第一，完整性。我国历史悠久，文化积累丰富，古籍文献汗牛充栋。然而，古籍在长期的流传过程中也多灾多难，其中既有自然灾害，也有人为的原因。自然灾害如火烧、水蚀、虫蛀、霉变等。人为原因比较复杂。古人读书主要靠手抄，字数多的书流传十分不易，各种删节的情况时有发生，有个别字句的删并，有整段文字的删弃，也有的删了小字夹注或书中的某类文字。经过千百年的流传，很多古籍都有残缺，但通过学术界的努力，出现了一批好的版本。我们阅读古籍，首先要分优劣，选择其中的"全本"或"足本"，重视古籍版本的完整性。

第二，真实性。古籍在流传过程中，往往也会碰到后世"好心"的不当操作。对待历史文化遗产，应该敬畏、尊重，尽量保护其原貌，才谈得上研究、传承、弘扬中华传统优秀文化。阅读古籍，应该辨真伪，关心各种版本的真实性。

第三，准确性。为了保持古籍的真实、完整，千百年来，前贤持之以恒，薪尽火传，对古籍进行校勘、补缺、辑佚、辨伪等。这些工作都极繁杂、细致，但又极严肃、认真。新版古籍应选择最好的版本作底本，交代版本来源及优劣，校出文字上的讹脱衍倒。很多新版的古籍成了学术界公认的"精校本""善本""定本"。阅读古籍应有精品意识,选择经过整理的最好版本,便于准确理解原著。研究徐霞客,首先要选择最好的版本,认真阅读《徐霞客游记》,才能与徐霞客对话。

第四,适应性。为了帮助读者理解经典,古人已有校、注、笺、传等方式。十一届三中全会以来,为帮助读者顺利阅读《徐霞客游记》,各家出版社不但出版了供学者使用的新整理本,也出版了大量普及本,包括译本、选本、注释本、绘画本等。注的重点,有的是文学方面,有的是地学方面,有的是历史背景、名物制度、政区设置和地名对照。译有全译,有选译,译和注又往往相辅应用。选文的重点也不同,有的为名山游记,有的照顾各省游记,有的突出地理学方面,有的强调文学方面,也有的照顾地域、文体和描述对象的差异,力图给读者呈现一份具体而微的《徐霞客游记》。有的全本全注全译达200万字,有的选本仅10万字左右,为不同文化层次的读者提供了选择的余地。从小学生翻阅的绘本连环画,到中等文化程度的读者阅读的选本、节录本,再到为学者和大学师生研究提供的全本、足本、整理本、校注本,各种重要的版本都能尽其所长、对口服务。

《徐霞客游记书影》也将作为《徐霞客游记》版本索引的工具书,方便读者,流传后世。

朱惠荣

2016 年 10 月于云南大学

(作者系云南徐霞客研究会会长,云南省文史研究馆馆员,云南大学教授、博士生导师)

一位责任编辑的学术之路①
——周宁霞与《徐霞客游记》

　　一本书的责任编辑，其基本任务是推动这本书的
完善和将其最后编定出版。当此书问世后，这位责
编的任务也就自然归于结束。然而也有这样的责编，
在一本书起步的时候，就一起加入到成书的过程中，
同时也自此成为了有关此书学问的一个研究者。而当
围绕此书形成一个事业时，这位责编又成为这一事
业的一个积极推动者。这样的责编自往至今，应该
说不多见，但笔者确有幸结识了一位，且还是个女性。
她就是上海古籍出版社的编辑周宁霞女士。

　　——郑祖安：《一个责任编辑的学术道路——
周宁霞与徐霞客研究》②

　　"文革"后期，拜所谓"给出路"政策之所赐，
与被分配至少年儿童出版社是我之幸运一样，周宁霞
被安排到上海古籍出版社，实在也是她的幸运。我
们都为历经坎坷，多年青春虚掷，而终于获得踏踏
实实工作、有所贡献的机会而高兴。我俩一辈子中
能够写上"不虚此生"这一笔，确实是分别在少儿社、
古籍社写就的。

　　古籍整理与编辑出版具有极强的专业性，上海
古籍出版社人才济济，不乏学术上的饱学之士，我
历来心存景仰。故周宁霞充任古籍社编辑，显系普
通又普通、平常又平常的一员。当然，应该说，普

通与平常中，周宁霞以其学历、经历、才情与个性，也有一些不普通、不平常之处。前引上海社科院历史所研究员郑祖安所概括的，当属贴切的评价。

周宁霞在古籍社十余年的编辑工作，其较出色的业绩，大概要算编辑《徐霞客游记》了。郑祖安研究员所作评论依据也在此。

说起来颇有点吊诡，一度出版界谁也不敢涉足《徐霞客游记》的重印与出版，因为此书被忌讳为"文人墨客游山玩水之作"。迨至"文革"末期，进入1975年，徐霞客竟戏剧性地被列为"法家"，指定出版社从速出版其游记，以配合"评法批儒斗争"，但此后未能出版。出版界"拨乱反正"过程中，古籍社的《徐霞客游记》编辑出版工作终于步入正途。1978年，周宁霞作为责任编辑承担了此项工作。

甚是幸运，《徐霞客游记》的整理者褚绍唐、吴应寿教授与周宁霞甫一工作，便得到了谭其骧先生的鼎力支持——提供了他珍藏的《游记》部分原始抄本。周宁霞是一个"贪心不足蛇吞象"的人，谭先生的无私襄助给她以启发，她向两位整理者提出了寻觅《游记》其他原始抄本的建议，于是向全国各大图书馆征询，竟如所愿，经版本专家鉴定，于北京图书馆发现了另一抄本。以这两部湮没三百多年的珍贵抄本、残本与通行本互为校勘补缀，其结果是，今之整理本比通行本多出了十四万字，为六十余万字。最接近历史上《徐霞客游记》原貌的最佳版本，于是乎诞生了。

在版本发掘成功的喜悦中，1979年，周宁霞应《中华文史论丛》之邀，写就《〈徐霞客游记〉原始抄本的发现与探讨》长文；1980年新版《游记》出版，周宁霞为之撰写了长篇《前言》。此《前言》被侯仁之院士誉为"是已发表的介绍徐霞客生平事迹的各种写作中最系统、最全面的一篇，可以看作是前人研究的一个总结"。周宁霞从此"一发而不可收"地悉心研究，并借助新版《游记》的影响力，努力推动后来被称为"徐学"的徐霞客研究的发展。

行文至此，我的脑际浮现了如下一幕：那是上世纪80年代中期的事。《徐霞客游记》的两位整理者褚绍唐、吴应寿先生，褚已六十开外，吴也近六十，他们两次相约利用星期日，一个从华东师大，一个从复旦大学，一早便赶到市中心泰兴路我家，和周宁霞一起做《游记》的修订工作。一进门，没有寒暄聊天，摊开书本、材料就埋头工作，中午由我持一钢精锅到不远处的南京路王家沙点心店买一锅生煎包，他们边吃边讨论，为的是节约时间，让两位老人能在下午四时赶回各自的市郊住处。那个年代，老知识分子的敬业、专注和随和，可见一斑。

这里要说到周宁霞其人的"倔"了，她的"倔"劲，可以说令人瞠目。新版《徐霞客游记》成书之后，文中尚存不少疑问难解，特别是粤西游所占篇幅颇大，疑问也最多，解决之道唯有实地考察。但两位整理者均年事已高，周宁霞觉得，她作为中年人为什么不能"走出书斋"，对徐霞客游程尝试踏勘考察呢？"这一想法一旦出现，就顽固地盘旋脑际，挥之不去，还'日长夜大'。……做不到这一点，岂不愧对先贤，愧对后人？！"她终于搁下其他发稿任务，断然以请假方式，前后三赴广西实地踏勘。出版社领导对此"出格"行为，先后扣发她三个月工资。此举应属可以理解，因为出版社编辑是有发稿定额要求的，不如此"立此存照"，不足"以警效尤"也。可是，应该说，周宁霞在桂东南、桂西南的考察及其后在云贵两地的考察，对实地校正《游记》文本传抄、刊刻过程中发生的差错，包括句读难解、地名脱漏等，以及徐霞客不懂粤地方言的误写等诸多问题，确大有裨益。这些成果后来都进入《游记》增订本，以致后出的国内有的《游记》校注本也悄悄地跟着对其版本作相应的订正，这也算"成果共享"吧。

周宁霞的"倔"、特立独行的行为似不可取，有违出版社制度，然其效果——对《游记》书稿质量的提升，却"颇堪嘉许"。这似乎也纠结得近乎吊诡呵。《徐霞客游记》增订版于1987年推出，周宁霞即于当年年底离休。她于57岁离开出版社，有自愿的因素，也有不得已的无奈。

离休后周宁霞的"徐霞客情结"有增无已，她将《游记》上下两册常置于床头枕边，不时将未及订正处勾划批注，即便病中也如此。她的研究也未中辍，除继续文本研究，又进入于徐霞客生平尤其是其家庭悲剧"累世谜团"的开创性探索。2004年问世的《徐霞客论稿》一书，近半篇幅为她离开出版社后所撰。晚年她对嗣后成立的中国徐霞客研究会的创立与诸种活动如研讨会等的支持颇多，说她是"这一事业的积极推动者"，实不为过，她的奉献是尽心尽力的。

周宁霞去世八年了，她之成为徐学界所称的有所建树的学者，其学术道路起于古籍出版社；也可以说，她作为徐霞客研究学者，是古籍社所造就。回顾往事，我对上海古籍出版社深怀敬意。

周 晓

2013年11月20日于宛南寓所

（作者为少年儿童出版社退休编审、周宁霞之夫）

① 标题为本书作者拟定，原题为现在的副题。本文有删节。
② 郑祖安此文见于《徐霞客研究》第16辑(2008)，并见《出版史料》2008年第四期。

徐学百花园中的一道风景

1

在我国，以"书影"形式出版书籍史料的历史，可以追溯到 100 多年前的 1910 年。是年，缪荃孙辑录的《宋元书影》出版，收录了宋元刻本 40 余种。接着，1922 年瞿启甲编辑的《铁琴铜剑楼宋元金本书影》（商务印书馆）、1929 年柳诒征编辑的《盋山书影》（江苏省立国学图书馆）、1932 年刘文兴辑录的《宋元书影》（荣宝斋）、1937 年王文进编辑的《文禄堂书影》等陆续出版。

目前公认的我国辑录书影最早的书籍，名为《留真谱》，是清末的杨守敬在出使日本期间，看到我国大量的古籍善本流失异国，便收集整理，并于光绪二十七年（1901）刊刻了《留真谱》。该书初编 12 卷，按 8 类编排，至今已有 116 年的历史。

随着时间的推移，不断有书影类图书问世："姜德明编著的《书衣百影》（生活·读书·新知三联书店，1999 年），收录了 1906 年至 1949 年间出版的 100 种书刊的封面，反映了西方近代印刷技术传入我国以后，中国现代书刊装帧艺术的发展史。每种书刊均有版本说明和简要的评析。"（张志强著：《20世纪中国的出版研究》，广西教育出版社，2004 年，第 188 页）2 年后的 2001 年，三联书店又出版了姜德明的《书衣百影续编》。2004 年，上海远东出版社出版张泽贤著《民国书影过眼录》，该书一文一图，计 140 余篇。随后的几年，又推出第二、三辑。2007 年 2 月开始，上海远东出版社相继出版了吴良忠编著的《美术版本过眼录（1949-1965）》，张泽贤的《现代文学书影新编》《中国现代文学诗歌版本闻见录》等。不管是"过眼录"还是"闻见录"，其实都是书影的另一种说法，书中分类辑录了书籍的图文，记述一本本书刊的前世今生。

"书影就是反映书刊版式和部分文字内容的图片样张。书影的作用在于，不必亲见原书就可以基本知晓原书的面貌，特别是版式、字体等各种版本的风格、特征可以通过书影得到逼真的再现，较任何细致生动的文字描述都更为准确。如再加上恰当的文字说明，可以说，书影集是一种体例最为完善的版本目录。"（姚伯岳著：《中国图书版本学》，北京大学出版社，2004 年，第 194 页）

"书影"是版本目录的类型之一。版本目录是以记录图书的版本情况为主要内容的书目。版本学中很重要的一项是版本事项的著录。目前，版本目录除书影类型外，还有简录、罗列、提要等类型。限于本书主要是探讨书影，故其他类型在此就不一一赘述。

据《中国图书版本学》载："近年来，我国各大图书馆纷纷出版了各馆所藏的古籍善本书影集，如任继愈主编的《中国国家图书馆古籍珍品图录》，张玉范主编的《北京大学图书馆藏善本书录》等。"图书的书影研究，愈来愈受到社会各界的重视。

2　是书裒辑民国元年（1912）至今国内外百余个出版机构出版的《徐霞客游记》（简称《游记》）版本，皆是我近 20 年多方搜求、什袭而藏，乃徐学百花园中掇英之果实，从版本学的角度涵盖了诸多方面的内容：按内容多寡划分有全本、选本、节本、残本等；按文字内容划分有注本、评本、校本、译本、初印本、增订本、修订本、插图本等；按印刷方式划分有石印本、铅印本、胶印本等；按装订形式划分有线装本、洋装（精装、平装）本等；按纸张划分有宣纸本、竹纸本、连史纸（胶版）本、铜版纸本等；按书体尺寸划分有 16 开本、20 开本、大 32 开本、32 开本、小 32 开本、64 开本及异型本等；按语种分为中文、英文、法文、韩文和意大利文。

本书正文由 6 个部分组成。之一是民国版本，收录的民国版《游记》涉及 11 个出版机构的 35 个版本。这个时期的重要特征是印刷术从石印、宣纸、竹纸、线装向铅印、道林纸（胶版纸）、铜版纸、洋装（平装或精装）转变。在外来文化的影响下，出现了"平装铅印"这一新的版本形态，颠覆了古老中国的图书雕版线装一统天下的历史。另一特征是很多文化名人为《游记》或写序，或著文，或点校，或担任发行人，包括梁启超、胡适、周建人、王云五、丁文江、翁文灏、叶良辅、沈松泉、刘虎如、方豪、曹聚仁、王成组等。

之二是新中国（大陆部分）版本。据不完全统计，1949 年到 1979 年的 30 年间，大陆没有出版过《游记》，包括选本。这是一个特殊的文化现象，是一个值得深入探究的问题。1980 年，上海古籍出版社首开先河，推出褚绍唐和吴应寿整理本《游记》。从这部被徐学界称为"里程碑"的著作开始，《游记》出版呈势如破竹之势。至 2016 年，30 多年的时间里，仅我收藏的不同版本就涉及全国 20 多个省、自治区、直辖市的 64 家出版机构出版的 124 个，可谓蔚为大观。收入本书的是 49 家出版机构出版的 85 个版本。

如同民国年间一样，一批学术大家还有政界人物为《游记》"舞文弄墨",包括谭其骧、侯仁之、任美锷、黄秉维、朱惠荣、李惠铨、徐公持、吴传钧、唐锡仁、羊春秋、臧维熙、江牧岳等。其间,时任国家主席李先念、时任国务院总理温家宝、时任云南省委书记普朝柱,为《游记》或题词,或写贺信,或作序。5月19日,即目前行世的《徐霞客游记》中首篇日记的写作之日,于2011年被国务院批准为中国旅游日。

之三是台港地区版本。本书选入台湾地区和香港地区的10家出版机构出版的17部《游记》。精耕细作是部分台版《游记》的特色,注释及语译皆力求详赡精准,内容包括题解、原文、简图、章旨、注释、语译及评析等。版权的引入与输出也是台港地区版本的一个特征。

之四是外文版本。收录的10部《游记》,为英、法、韩、日和意大利文。其中韩文7册,为全本。日文版是1960年出版的,为《世界纪实文学全集》中的一部,内容是徐霞客游贵州及云南的日记,共6万余字,另有一幅徐霞客行程图。字数最多的当属湖南人民出版社2016年9月版《游记》,该书是以中华书局出版的朱惠荣译注本为底本。尽管不是全本,但总字数达95万字,是我知晓的外文版字数最多的一部《游记》。10部外文《游记》,我收藏有其中的5部,余下的均是根据他人提供的图书资料整理而成。

之五是连环画版本。迄今为止,共有8家出版社出版了9部与徐霞客有关的连环画。特别是贵州人民出版社出版的《游圣徐霞客》,共14册,有近1500幅图画,洋洋大观,是2007年为纪念徐霞客诞辰420周年而精心制作的。

之六是部分图书馆馆藏本名录。这里辑录了全国部分图书馆馆藏的110部《游记》版本名录,时间跨度达368年。将其收入本书，是为向读者介绍，在《游记》版本中还有一个稀缺的矿藏，即抄本、活字本、刻本等。名录来源于全国古籍普查登记基本数据库和高校古文献资源库。其实，分布在全国各地的图书馆、博物馆等还藏有不少《游记》，限于本书著者目前的精力，不能一一搜寻著录于此，实为憾事。但愿日后努力，遍访诸本，以期完整构架一部《游记》版本研究集成。

3

就书影形式而言，本书又有哪些特点呢？第一，全书紧紧围绕着60余万字的《游记》展开，基本涵盖了近百年的时间。这种专对一部书籍的书影研究，至今似不多见。2004年，东方出版社曾出版孙郁著《鲁迅书影录》，收录了鲁迅的四五十本著作的书影。

第二，有侧重地挖掘两三个出版社出版《游记》的历史，通过书影展示该社出版《游记》的脉络，梳理各版间的内在联系。比如，对上海古籍出版社，从1980年的初版1印一直追踪到近年，详述30余年间该社出版的《游记》版本的状况。对于商务印书馆1928年、1986年和1996年三次出版丁文江编本《游记》，也以万言之文"褒扬"丁文江做出的贡献：撰《徐霞客先生年谱》，书《重印徐霞客游记及新著年谱序》，为《游记》标点、绘地图，增《家祠丛刻》，配发徐霞客画像，及刊载《潘耒序》等。

第三，不同时间出版的《游记》版本，为我掌握第一手信息奠定了基础，进而对这些本子逐一考证，得出较为客观的研究结论。比如，《游记》的封面、插图等在不同的时期是什么样子？出版社的标识如何？书籍中的广告页怎样？还有各出版社版权页的内容差异等。这里举一个小例子，从民国至今，出版社大凡在版权页上显著的位置，都印有"版权所有，不准翻印"字样或意思相同的短句。而在我收藏的《游记》中，最为奇特的是，上海新文化书社民国二十三年十月版的版权页印有"可以翻印"字样。但该社同年十一月版，又变成"不可翻印"。难道一个月前的版本印错了吗？且慢！还是上海新文化书社，其民国二十四年六月版，版权页又出现"可以翻印"字样。这中间的缘由是什么？给后人留下了思考的空间。《游记》是民国年间中国出版状况的一个缩影。

第四，不因明清版《游记》无收藏而避而不谈，而是广为搜集史料。在罗列了目前中国部分图书馆110部藏本名录的同时，以《明清版〈徐霞客游记〉叙录》为题，记述明清7人为《游记》作8篇序文的经过，从三个角度叙述这几篇序文的历史作用：最早详说徐霞客离世前后状况的《季序》；"传其书，传其事，以传其人"的《史序》；奚、杨、徐、叶各有千秋的序。

结集出版此书，乃我几年前就产生的想法。目的易见：浏览此书，民国至今百年间《游记》书影知十之八九；《游记》出版脉络基本明了；今人对徐霞客及其《游记》初步了解。冀愿成为《游记》书影之渊薮。

刘瑞升

2016 年 9 月 26 日草拟于长沙旅次

2016 年 12 月 21 日冬至定稿于北京

凡 例

一、本书著录范围为1912年至2016年问世的《徐霞客游记》(以下简称《游记》)版本(含选本等),其中包括外文版和连环画版,均为正式出版物,旨在展现百年《游记》版本之风貌。所著录版本除外文版中有5部为友人提供资料外,余下均为本书作者藏本。

二、本书著录正文按六个版别分类,即民国版本、新中国(大陆部分)版本、台港地区版本、外文版本、连环画版本和部分馆藏本名录。

三、本书目次排序均按照出版机构初版第一印次时间为序;若不是首印本,则以收藏本的出版时间先后为排序依据。一个出版机构有多个版次者,不管出版时间跨越多久,一律按照先后,依次排于最早出版的版本之后,即同一家出版机构的《游记》均集中于一起。个别无版权页者,则根据序跋写作时间斟酌确定。更有无任何依次者,排列于该版别之后。

四、本书各部《游记》著录之基本内容如下:印刷时间、装帧品相、开本尺寸、版本来源、购买年月、参考时价。项目未有者则阙之。

五、本书各部《游记》的提要部分依循如下事项介绍:书名、点校者、出版机构名称、出版机构地址、出版时间、版次印次、印数、字数、页数、定价等。继之内容包括序跋介绍、封面特点、版式设计、版权页、辗转流传过程中独特的印记等(包括钤印、题跋、错版等信息)。无记录事项从阙。

六、本书作者认为重要的版本,在正文中以"专文"方式详述,行文长短视情况而定,不作统一规范。

七、本书在版别分类、体例编排、内容结构、版式设计上虽竭尽努力,但恐仍有不足、未尽妥善之处,尚祈阅者谅宥,敬请赐教。

第一章
民国版本
1912-1949

　　本章收录的民国版《徐霞客游记》涉及11个出版机构出版发行的35个版本。民国年代适值印刷术的变革期，即从石印、宣纸、线装，转变为铅印、道林纸（胶版纸）或铜版纸、洋装（精装或平装）。让其他同时代出版的古籍"刮目相看"的是，《游记》涉及民国年间很多文化名人、著名出版家，他们或作序，或著文，或点校，或担任发行人等，包括梁启超、胡适、周建人、王云五、丁文江、翁文灏、叶良辅、沈松泉、刘虎如、方豪、曹聚仁、王成组等。民国版《游记》，是这个年代中国出版境况的一个缩影。

上海扫叶山房

上海扫叶山房
版本·1

印刷时间
民国十三年（1924）影印

装帧品相
全 12 册（两函）
9.5 品

开本尺寸
131×196 mm

版本来源
八宝山博古艺苑旧书市场
（北京）

购买年月
2007.9.21

参考时价
1200 元

提 要

《徐霞客游记大观》 藏本为上海扫叶山房（上海北市棋盘街）民国十三年孟春出版，同年影印。

两函函套

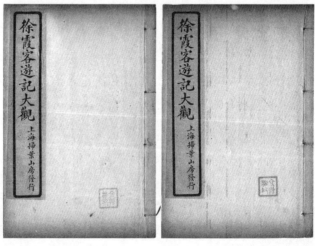

书衣

徐霞客游记书影

书内夹的植物叶子，有 90 多年的历史，颜色依然灿烂

封面

线装。竹纸。本书为影印本，但未标明所依据的底本，故无从考证。影印本是指直接以原有书籍为底本，应用照相制版和现代印刷技术翻印出的一种新的版本形态。这里所说的现代印刷技术，主要包括珂罗版、石印和胶印等。本书为石印。

藏本版框高一六八毫米，宽一一五毫米，四周单边，半叶十五行，行三十二字；版心设计为逆花鱼尾，白口，上刻"霞客游记"四个字，而不是通行的全书名，即"徐霞客游记大观"。还有卷次。下刻叶数。

中国古代书籍版面设计有固定的格式，鱼尾便是其中之一：在版心中间、距上裁口约四分之一处，印有一个像鱼尾巴的图形，它是折书叶时的标识。

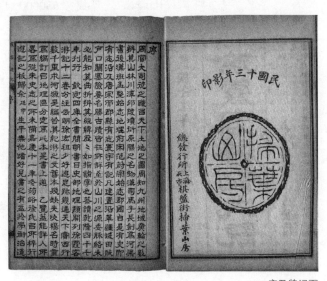

序及牌记页

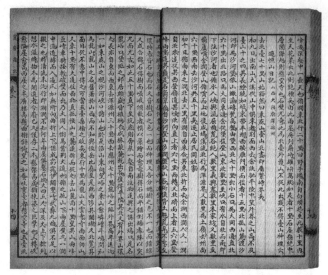

若下方对称的位置也有一个鱼尾图案，便合称为双鱼尾；方向相同为顺鱼尾，方向相反称逆鱼尾。鱼尾为黑色的称黑鱼尾，鱼尾为白色的称白鱼尾，鱼尾下部为曲线的称花鱼尾。

据全国古籍普查登记基本数据库载，新疆社会科学院图书馆所藏《徐霞客游记大观》（全十二卷），该馆仅存一卷（十二），在"出版信息"栏中注明是"清石印本"，典藏号 650000-1464-0000394 L93。由于"扫叶山房有三四百年历史，创于明朝万历年间，直到 1955 年出版业公私合营而结束"（《中国出版通史·民国卷》，中国书籍出版社，2008 年，第 440-441 页），又没有亲眼看到该馆的藏本，故无法断定扫叶山房是从何时开始出版《徐霞客游记大观》的。

本书函套是以磁青色棉布制作，两函，每函 6 册，书别子为白色骨质。函套内面的宣纸上印有扫叶山房发行的书籍广告，诸如《分类酬世锦囊》（6 册一函，中纸一元二角，洋纸八角）、《花影尺牍》《白话尺牍》等。

牌记，即今版权页

印刷时间
民国十四年（1925）发行

装帧品相
全6册（无函套）
9品

开本尺寸
131×196 mm

版本来源
网拍
潇湘旧书店（北京）

购买年月
2010.5.20

参考时价
550元（含10元邮费）

提 要

　　《徐霞客游记大观》 藏本为上海扫叶山房民国十三年（1924）孟春出版，出版时间与上一部相同。而发行时间是"民国十四年"——封面页背面如是说。"封面页背面"的文字，也称为"牌记"。"牌记"是指古代印本多在封面页背面或目录末、序后、书后等地方印有说明版本情况的文字，主要内容包括出版时间、出版机构信息及出版者姓名等，有的还有申明版权、褒扬作品的内容，其实也可视为版权页。本书的牌记页上，文武边栏内居中是一方圆形印章，阳文篆刻"扫叶山房"四字，"民国十四年发行"横排一行以弧形方式置顶，左下角竖式"总发行所上海北市棋盘街扫叶山房"。

　　与上一部"民国十三年影印"牌记不同的是，"影印"二字在本书换成"发行"字样。如果没有看到上一部，仅从本书看，看不出是不是影印。藏本亦是线装，但与上一部是竹纸印刷不同，本书是宣纸印刷。

线装书的封面与今日书籍的封面有所不同（参见本书259页）

每册书根处印有"霞客游记"字样。上一部竹纸本比这部宣纸本显得黄旧许多，从纸张上看不出两个版本出版的时间仅相差一年，倒像是隔了几十年似的。本书与"民国十三年影印"本的版框尺寸相同，每页行数、每行字数亦一样，包括版心双鱼尾及刻字等内容。这说明二者是出于同一个影印版。

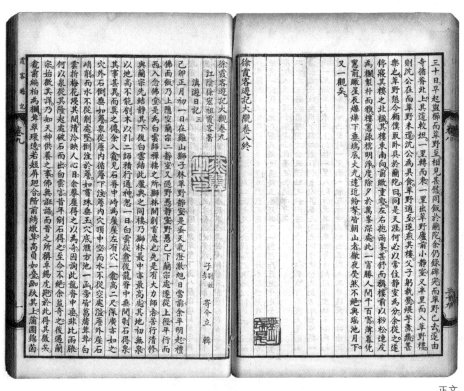

每册首页钤"燕翼之印"阴刻名章，疑似藏书者私印，篆刻刀法纯熟，朱红印泥，色彩沉稳清晰，无油浸。该书起拍价300元，最小加价幅度10元，24次加价后获得。

本年，上海扫叶山房还出版过全12册（两函）本，北京大学图书馆有藏本（典藏号 X/981.4/2833.1）。

提 要

印刷时间
不详

装帧品相
全12册（缺第1册）

开本尺寸
131×198 mm

版本来源
潘家园旧书市（北京）

购买年月
2006.12.24

参考时价
800元

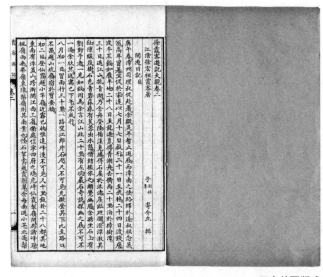

正文首页版式

《徐霞客游记大观》 藏本为上海扫叶山房版，由于缺第一册，故出版、印刷等时间不详。这是我收藏的上海扫叶山房的第三个本子，除是宣纸印刷外，册数、版框尺寸、行数及行字数等都与第一个本子相同，无函套。但这个本子与前两个本子相比，感觉太新了。仔细比照，3个版本印刷质量无异，这个本子也没有漫漶之处，排除是近年仿制品。我主观判断，该本应该是上海扫叶山房较晚的印本，理由是：至少在民国十八年（1929），上海扫叶山房出版过全12册（两函）本，见复旦大学图书馆藏本，典藏号为505008（据高校古文献资源库）。本藏本开本尺寸略大于前两个版本，应属装订裁切时的误差。

《徐霞客游记大观》是我拥有的为数不多的几部线装本《游记》之一。20世纪20年代开始，曾在中国图书市场上一统天下的线装形式，被西方传入的"洋装"形式迅速取代。线装书籍的装帧形式，主要是由雕版印刷书籍的制作方式决定的。雕版印

书衣

刷是以"页"为单位，因而书籍的版式、装订等技术设计也必须与之相匹配，线装方式无疑是最佳选择。

传统线装本，多以磁青纸或米黄纸为书衣。我收藏的扫叶山房的3部《游记》，均是米黄纸书衣。制作考究的版本则以青布为衣，更为奢华的便选用锦绫等材料了。我于2013年5月购买的广陵书社2009年1月1版1印《游记》，一函8册，宣纸线装，其书衣和函套都是锦绫材质，题有书名的签条为绢料。2015年购得的黄山书社2014年1月1版1印《游记》，一函6册，同是宣纸线装，其书衣和函套亦是锦绫制作的。不知民国年间或更早些时候的线装本《游记》，有没有"绫罗锦缎"的版本。

还有一个需要说明的，本部《游记》开本尺寸是131×198㎜，相当于32开，比传统线装书小许多。我手边的一部京都宝文堂藏板的《监本诗经》，牌记有"遵依洪武正韵"字样，开本尺寸是153×245㎜，与16开本相仿，版框高一九〇毫米，宽一二三毫米，半叶十八行，行十七字，版式舒朗，字号大小适合阅读。

我认为，民国年间石印技术出现后，出版机构将书籍尺寸缩小至32开本左右，主要目的是为了降低出版成本。缩小本的出现，客观上使书籍的价格降低，书刊的普及成为现实，出版机构的盈利大幅增加。

上海群众图书公司

上海群众图书公司
沈松泉校点本·1

印刷时间
民国十三年（1924）三月

装帧品相
全4册 平装
7品

开本尺寸
130×188 mm

版本来源
护国寺旧书市（北京）

购买年月
2007.12.20

参考时价
150元

提 要

《徐霞客游记》 吴县沈松泉校点，发行者无锡方东亮，藏本为上海群众图书公司民国十三年三月出版，定价2元。本书的出版时间与《徐霞客游记大观》同年，印刷、装订、纸张等却截然不同。本书完全采用西式装订，这种装订方式于20世纪初开始被中国出版业采用，由于其成本低，使书籍的普及成为可能。这种被称为"洋装"书籍（即平装排印本）的价格，普通工薪阶层能够承受，从而使书刊的发行量猛增，又有效地降低了出版成本。然而，其负面效果也是显而易见的。一些出版机构，特别是装订作坊，为了把成本降得更低，其做法可被称为"偷工减料"。比如，我手旁有几本《游记》，是采用成本低廉的"铁丝订"方式装订，极易生锈的铁丝早已把纸张"腐蚀"

封面有"1924"字样

版权页

了，使书籍成松散状，铁锈渗透到封面的订口处，异常难看。更有一册因铁丝锈断，造成书页散落。如果采用锁线装订，就不会出现上述尴尬结果。

锁线装订的方式，是将折好的书页分为若干帖，在锁线机上将一帖帖书页联结装订，最终形成完整的书芯。其订眼和线脚都在书脊上，成书后便于摊平阅读。由于其成本较高，大多用于精装书的装订。在民国年间，"洋装"的平装书遍布书肆，而同为"洋装"的精装书可谓凤毛龙甲。

就内容而言，"洋装"书籍也有了不小的变化，比如线装书的"牌记"在"洋装"书上的表现形式变为版权页了。而且西方出版业的版权意识也凸显出来——本书在版权页上印有"禁止照样翻印"字样。既然是线装向平装过渡期，装帧设计便仍带有浓厚的线装痕迹：正文自不必说，仍然是竖排形式；封面则印有中国传统的四周双边（线装书正文版框的一种），还采用"界行"把封面分割成三个部分，从右至左分别竖排的文字是"新式标点""徐霞客游记""上海群众图书公司发行"。而居中下位横排的"1924"字样，又仿佛在告诉读者，这种阿拉伯数字是"洋装"书籍特有的标识。

"界行"也称为边准或栏线，即线装书内文版面分行的直线，起到规范行文、便于书写的作用。

从封面的"1924"字样推断该书为初版，因为本书内没有丁文江、曹聚仁的文章，而在"1925"版上出现了丁、曹的文章。该书是我发现的一个被湮没了的新版本。这之前，没有文献记录过梁启超为《游记》作代序的事，而该书上有梁启超的代序和沈松泉的新序（落款为民国十三年三月十八日）。这一发现在徐学界引起了一个小小的轰动。

上海群众图书公司
沈松泉校点本·2

印刷时间
民国十四年（1925）

装帧品相
全4册（仅收藏第3册）
平装
7品

开本尺寸
130×188 mm

版本来源
网拍
文书轩书屋（上海）

购买年月
2008.3.25

参考时价
65元（含5元邮费）

提 要

　　《徐霞客游记》吴县沈松泉校点，藏本为上海群众图书公司民国十四年出版，封面印"1925"字样。书首增加了丁文江撰写的《徐霞客游记》一文和曹聚仁的《〈徐霞客传〉著者考证》，余下内容与民国十三年（1924）三月版相同。

封面有"1925"字样

上海群众图书公司
沈松泉校点本·3

印刷时间
不详

装帧品相
全4册（仅收藏第1册）
平装
7品

开本尺寸
130×188 mm

版本来源
潘家园旧书市（北京）

购买年月
2007.4

参考时价
130元

提 要

梁启超代序本封面

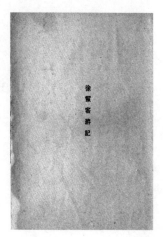

扉页

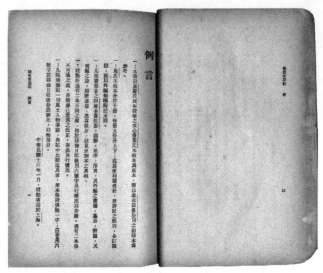

例言

《徐霞客游记》 吴县沈松泉校点，藏本为上海群众图书公司出版。我仅收存第1册。该册无版权页，无从知晓出版及印刷时间等信息。本版书首除梁启超代序、沈松泉新序外，还增加了丁文江作《徐霞客游记》一文及曹聚仁作《〈徐霞客传〉著者考证》。从序的落款推测，该册是 1925 年之后出版。其他版本封面有 "1924" 或 "1925" 字样。

专文　　**沈松泉校点本《徐霞客游记》**

沈本《游记》的发现

　　沈松泉校点本《徐霞客游记》，被徐学界称为"新发现"。

　　2007 年 4 月的一个周六，我来到潘家园。这里是全国规模最大的古玩市场，其中每周六、日是旧书交易日，每当这两天总是人山人海，我在这里已购买了不少部（或单本）《游记》。当然，每一本都有一个故事。

还是说我淘到的沈本《游记》吧。我已说不清来潘家园多少次了，可这天转了一上午，仍旧是两手空空。今天不能空手而归呀！这么想着，一个书摊上的一本灰色布面精装的《钢铁是怎样炼成的》进入了我的视野，看其磨损程度及已经不够鲜亮的烫金书名，估计是20世纪50年代的出版物，心想这就是今天的收获了。我蹲下身伸手去取，没想到在这本约有4厘米厚的书下还压着另外一本书，陈旧的蓝色封面上赫然印着"徐霞客游记"几个毛笔写的行书字。我不由得高兴起来。用眼瞟了一下书贩，他正在与旁边的摊主说话。于是我定了定神，神情自若地问他《钢铁是怎样炼成的》多少钱。他看了看书说，30块。我嘴里叨念着说有点贵，又顺手拿起《游记》，好似心不在焉地问："这本呢？"摊主说："150。"我的心加速了跳动，因为我看到封面上的另一行字：上海群众图书公司。我在脑海中迅速检索一遍自己收集的不同版本的《游记》，没有这家出版公司。就冲这，150元也值。但一看书脊上印着"〈一〉"字样，我的心又凉了。我说："老板，就一本还卖这么贵，不值不值。"书贩说："要是全套，你给300我也不卖呀！你不知道，现在民国的书都涨上去了。"我说："这么着，这两本我都要，120元。"书贩摇着头："不行！那本《钢铁是怎样炼成的》是50年代的，插图特棒。如果你有心要，两本一口价160块。"

交了钱，我并没有急着从塑料袋里把书拿出来（目前在旧书市场，民国出版的书大多被装在一个透明塑料袋中），因为从外形尺寸到用纸，这书与我收藏的其他民国时期出版的《游记》没有什么两样。像上海新文化书社、国学整理社、上海大达图书供应社的版本，封面用纸比这本还好，有的封面还画有风景画。特别是广益书局 1939 年出版的上下两册《游记》，封面还是彩图，正文内有白描插图。所以这么一本单册就要这个价，的确有点贵。但谁让我没有上海群众图书公司的版本呢？

梁启超为沈本《游记》作代序

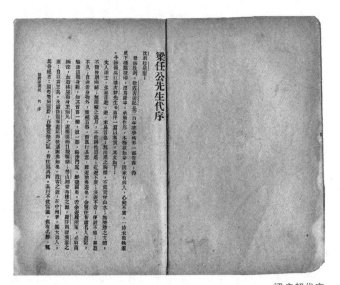

梁启超代序

回到家，按照惯例，买来的书都要用消毒液清理。这时我想看看这个版本是哪年出版的、全套是几册，便先翻到书的最后一页，没有见到版权页，又向前翻。这一翻不要紧，我的眼前跳出了"梁任公先生代序"几个字。我差点叫出声来。自我开始收集《游记》以来，在三四十个版本中不乏由近人写序或前言的，如民国时期商务印书馆出版的刘虎如选注的《游记》，内有刘虎如写的序；岳麓书社 1998 年出版的《游记》，有羊春秋作的前言；另外像河北人民出版社、团结出版社的书中都有编著者写的前言。至于丁文江本及上海古籍出版社的《游记》，也都有前言。但梁启超为《游记》作代序，我是第一次看到。我继续翻下去，又看到了丁文江、曹聚仁的文章及沈松泉的新序。

徐霞客游记书影

沈松泉点校本上的《梁任公先生代序》，其实是梁启超1924年回复沈松泉的一封信。梁启超在回信的开头这样写道："尊函收到。《徐霞客游记》是三百年来学术界一部奇书，得足下标点校印，深为庆幸。承属作序，本极欲如命，因家有病人，心绪不宁，一时未能执笔。今抄录吴江潘次耕先生（耒）旧序一篇以塞责。"

乍一看，读者真以为梁启超在"塞责"。其实，梁"家有病人"，确有其事。这年，即1924年"9月13日，梁夫人以乳疾逝世"。（丁文江、赵丰年：《梁启超年谱长编》，上海人民出版社，2009年4月，第648页）梁任公先生的信写于民国十三年（1924）三月九日，梁在信中高度赞赏《徐霞客游记》是"三百年来学术界一部奇书"。梁还把潘耒为《徐霞客游记》写的一篇序抄给沈松泉，并郑重地说："本书价值，此序最能发挥，非他序所及也。"

研究《梁任公先生代序》不能脱离潘耒的序。潘次耕的序约900字，潘耒指出："无出尘之胸襟，不能赏会山水；无济胜之肢体，不能搜剔幽秘；无闲旷之岁月，不能称性逍遥。"而徐霞客则具备上述各种条件。"近游不广，浅游不奇，便游不畅，群游不久"，而徐霞客则"不避风雨，不惮虎狼，不计程期，不求伴侣。以性灵游，以躯命游"，表现出一种无所畏惧的探险精神和献身精神。潘次耕在序中说他看过许多名人的游记，而霞客之游最为奇绝，他评价徐霞客是"亘古以来，一人而已"！潘次耕在序中还纠正了前人的一些错误，他说："钱牧斋奇霞客之为人，特为作传，略悉其生平，然未见所撰《游记》，传中颇有失实者。余求得其书，知出玉门阴、上昆仑、穷星宿海诸事，皆无之，足迹至鸡足山而止。"

梁启超在信中也就古人的错误发表了意见："钱牧斋为霞客作传，陈木叔为作墓志铭，皆称其尝游西藏，然并非事实。次耕此序，最得其真。"

此时，人们恍然大悟：潘次耕和梁启超对徐霞客及《徐霞客游记》甚为了解，并有深入的研究。

《梁任公先生代序》最后写道："吾自揣更作新序，亦无以逾次耕，故抄以应命，亦非尽偷懒也。"

行文至此，我们深感沈松泉将梁启超的回信尊为代序，可谓点睛之作。

沈松泉自作《新序》

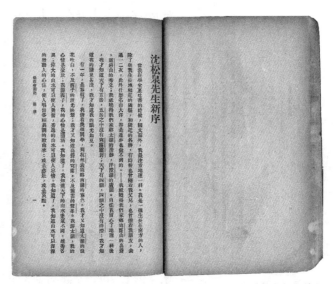

沈松泉新序首页

在沈松泉校点本《徐霞客游记》上，还有沈撰写的一篇他自称的新序，不知这"新"字从何而论？沈序是一篇白话文，也是自《徐霞客游记》诞生以来第一篇用白话文作的序。沈序文清辞丽，直抒胸臆。他认为："霞客高尚的人格，卓远的识见，披险履危的精神，简洁的记事，都足以称前无古人，后无来者。"他"恨不得早生三百年，得追随于霞客的杖履之后"。

沈序中提到他在民国十年（1921）、十一年（1922）的两年间，往返于上海、香港、南洋好几次。他说："这部《徐霞客游记》便是我旅途的唯一的伴侣。我想：徐

徐霞客游记书影

霞客要是生在斯世，那么，这部游记更要可观了吧？香岛的雄峭，星洲的坦荡，茂物的富丽，槟榔的清秀，怕不为游记生色不少？他生在斯世，怕不与欧西的探险家齐名？"

沈本《游记》至少印过三次

据我考证，沈本《游记》至少印过三次。沈本最早出版的时间应该是 1924 年，即民国十三年。为什么这么说呢？原因有二。首先，该书的例言落款为中华民国十三年一月，梁任公先生代序落款为十三年三月九日，沈松泉所作新序落款为十三年三月十八日。其二，我后来有幸又购得四本拼为一套的沈松泉校点本《游记》（红学家曹立波教授告诉我，这在版本学上叫做"百衲本"），其第 1、2、4 册的封面印有"1924"字样，而第 3 册的封面却印着"1925"，显然第三册与其他三本不是"亲兄弟"。在拼为一套的第一册内有梁启超的代序、沈的新序，却不见丁、曹二人的文章，这可以说明我所购的版本绝不是 1925 年的，也许是 1924 年的，但不是印有"1924"字样的本子，因为在我单独购到的第一册《游记》的封面上没有年份。

另外，曹聚仁的《〈徐霞客传〉著者考证》一文，也能证实沈本印刷了多次。在曹文的开始，他写道："沈先生的标点本，也已重版了好几回……"那么，是否可以得出这么一个结论——沈松泉校点本《游记》至少印过三次？

沈松泉校点的《游记》，最令人兴奋的莫过于该书刊有梁启超先生的代序，以及丁文江写的《徐霞客游记》一文、曹聚仁的《〈徐霞客传〉著者考证》及沈松泉的新序等 4 文。后来，我见到时任《徐霞客研究》主编的黄实先生和北京大学的于希贤教授，将这个版本的情况向他们作了汇报。于教授多年来一直致力于《游记》版本研究，他和他的叔叔收藏了不少《游记》的版本。两位徐学前辈听了我的介绍，都表示没听说过沈松泉校点本，也没有读过梁启超等4人的文章。黄实老约我将沈本《游记》上梁启超等4人的文章及相关情况进行整理，这就是发表在第15辑《徐霞客研究》上的《沈松泉校点〈徐霞客游记〉史料》一文。至此，人们方才知晓，在徐学研究的历史长河中，梁启超曾为《游记》作过代序。

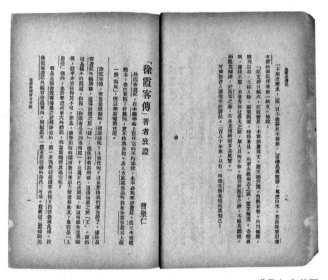

曹聚仁文首页

商务印书馆

商务印书馆
丁文江编本 · 1

印刷时间
民国十七年（1928）十一月

装帧品相
《游记》全 2 册 精装
6 品

《附图》全 1 册 精装
8 品

开本尺寸
《游记》190×260mm
《附图》195×270 mm

版本来源
《游记》
八宝山博古艺苑旧书市场
（北京）

《附图》
安徽屯溪老街的一家书铺
（屯溪）

购买年月
《游记》2008 年
《附图》2002 年 5 月

参考时价
《游记》750 元
《附图》500 元

提 要

《游记》扉页及《附图》封面

　　《**徐霞客游记**》　丁文江编，藏本为商务印书馆（上海宝山路）民国十七年十一月初版，民国十七年十一月印刷，上下册定价大洋 7.5 元，印数不详。封面为藏蓝色布质，其材质和色彩似仍保留中式线装书的影子。四号大字印刷，如此大字号、大开本、两册锁线精装、封面布质压凹书名及标识，在当时可谓标新立异了。就是在今天的图书设计中，也是不常见的。我收藏的版本品相较差，正文装订尚且牢固，主要是硬纸板的封面书脊处松动且与正文脱节。

　　精装书有方脊和圆脊之分。本书为圆脊，即书脊呈凸弧形，与之相吻合的是书籍的外切口相应地

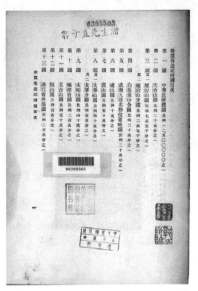

目次

呈凹弧形。为此，在装订时还有一道敲背工序，即把书背敲成凸弧形。其实，精装书的显著特征表现在封面使用的材料和制作工艺。一般书封内衬都是硬纸板，现在使用的都是专门工艺制作的板材，坚挺、平整、细密。而民国年间的纸板质地粗糙，易吸水，易变形。本书的纸板便是如此，由于质地不够坚实，虽说是硬纸板，但感觉较"软"，其外包布料有褶皱和起鼓的问题，当然也与当时使用的粘结剂有关。况且经历了八九十年的时间，坦率地说，本书无法与西方出版的那些印刷精美、工艺精湛的精装图书相比。

　　《徐霞客游记附图》亦是 16 开本、统共 72 页的精装，似乎有点奢华。也许是为了与《游记》相匹配吧。计 34 幅地图，每幅地图均是背白。封面使用罗纹厚板纸，书脊使用布质材料，美观可能是次要的，主要是因为纸面精装本经过反复翻阅，书脊与封面的结合处容易破损。我收藏的世界书局 1964 年 9 月再版《游记》，也是布脊纸面精装本。

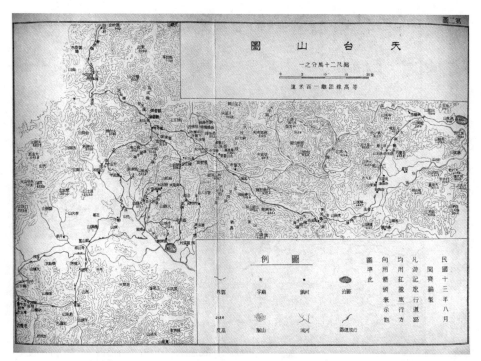

徐霞客游天台山地图

本书图例上写着"民国十三年八月闻齐编制"几个字，即1924年，比1928年出版的《游记》早4年。印刷时间不详，没有出版机构名称，不知何故。

附图首页有西安师范大学图书馆藏书印、西安师范学院图书馆图书章。另有"郭子直先生赠"红色印字，还有一阴一阳两方篆书名印。

商务印书馆
丁文江编本·2

印刷时间
1986年1月上海1印

装帧品相
全1册 精装
8品

提 要

《徐霞客游记》 丁文江编，藏本为商务印书馆出版（北京王府井大街36号），1986年1月第一版上海第一次印刷，上海影印厂印刷，定价12.55元，印数3800册，650千字。本书为漆布封面圆脊精装本。卷首有霞客白描画像一幅，系沿用1928年版。蓝灰

开本尺寸
190×257 mm

版本来源
宜兴文庙三味书屋（宜兴）

购买年月
2004 年 10 月 20 日

参考时价
60 元

封面　　　　　　　　　　　　　护封

色漆皮布封面，胶版纸护封为赭石色。深赭色暗山水图，烫金手书隶体"徐霞客游记"5 个字（书脊同此）。

重印说明及王成组于 1984 年撰写的《〈徐霞客游记〉丁文江编本读后感》、方豪旧作《〈徐霞客先生年谱〉订误》附于书末。重印说明指出，由于丁文江携《游记》进行野外考察，惊叹于徐霞客的精力之富、观察之精、记载之详且实，因此，丁对《游记》的评价就不似前人那样只有空泛的赞扬，而是立足于科学，以实地考察为根据，因而是具体的、有说服力的。

王成组撰写的《〈徐霞客游记〉丁文江编本读后感》，约 8500 字。他说这篇文章是应商务印书馆编辑部之约写作的。他从 3 个方面论述了丁编本的意义和贡献，之一是丁编本的特征与重印的意义，之二是《徐霞客年谱》的贡献，之三是丁编本的补充意见。

王成组认为，在我国历史上，徐霞客是通过长期旅游实践而成为地学名家的亘古一人。在我国地学界与科学史研究团体即将隆重庆祝他的诞辰四百周年之际，商务印书馆决定将 1928 年初次发行的丁文江编《徐霞客游记》影印并重新出版。这是上述

徐霞客游记书影

庆祝活动中具有重大意义的举措。近年来，上海古籍出版社编印的《徐霞客游记》正文所依据的手抄本固然比丁编本局部有些增加，而附图也有许多幅更加精细，但是 56 年前的丁编本之重要特征，仍然具有多方面的参考价值。

王成组回顾了丁文江编辑《游记》的过程，他说："丁氏编订这一套《徐霞客游记》和各种附录与地图，主要是在 1921 年开始，而持续到 1927 年 7 月完成，经历的时间大约 6 年余。获得当时的知名学者如梁启超、胡适等，他早年培养的地质界学者，以及少数青年人的多方协助。这在丁氏的《重印〈徐霞客游记〉及新著〈年谱·序〉》中都有详细的说明，内中兼有丁氏的前辈、同辈与晚辈。例如襄助编图与标点的闻齐，是 1925 年从清华毕业的老同学，大概以几个暑寒假的时间参加这些工作。"

王成组强调指出："在现代地学界的学者之中，丁氏是第一个重视《徐霞客游记》这部书的人，而且采用年谱的方式阐明这一位自学成才的明代地学专家的生平事迹。《年谱》的编制、分析，一方面依据《游记》各篇所记年月与内容，一方面也利用他收集在本书中卷二十《外编》的好多种资料。丁编本把《游记》与《外编》中所录霞客本人的诗文结合在一起，也可以认为构成了《徐霞客全集》。"

王成组认为："在《徐霞客游记》的各种版本中，丁文江编的这一种具有前所未有的特色。丁先生以地质学家的观点编写《年谱》，也兼有地理观点。不过当时还偏于地表的各种特征，而对于《游记》的叙述西南石灰岩地带的许多溶洞，没有像解放以来的重视。《年谱》的内容，对于霞客一生的身世与交往、著作与贡献，采用分年叙述的方式，使得读者易于了解逐年的变化。"

商务印书馆
丁文江编本·3

印刷时间
1996 年 1 月北京 2 印

装帧品相
全 1 册 精装
10 品

开本尺寸
190 × 257 mm

版本来源
2006 年
时任《徐霞客研究》主编
黄实先生赠送

提 要

护封 　　　　　　　　　　　　环衬

　　《徐霞客游记》 丁文江编，藏本为商务印书馆出版 (北京王府井大街 36 号)，1996 年 1 月北京第二次印刷，中国科学院印刷厂，印数 4000 册，定价 81.60 元，650 千字。除为蓝绿色漆皮布封面外，其余与 1986 年版相同。另外，护封底纹山水图案与 1986 年版略有差异。

扉页

丁编本《游记》的四次印刷

据我了解，丁文江编本《徐霞客游记》，至今共印了4次。其中3次是商务印书馆，1次是1974年12月台湾地区鼎文书局出版的《丁校本〈徐霞客游记〉》（参见本书第197页）。本文仅介绍商务印书馆的3次印制情况。

第一次印刷是在1928年，16开，四号字精装本刊印。在其版权页上写着：徐霞客游记二册 附图一册 民国十七年十一月初版 定价大洋柒元伍角。印刷及发行方均为上海商务印书馆，印数不详。

上下两册，在藏蓝色布面上竖排手书隶体压凹字："丁文江编 徐霞客游记 上（下）册。"封底压凹商务印书馆标识。书脊印宋体金字："徐霞客游记 上（下）册，丁文江编。"遗憾的是，封面和封底压凹字及标识很不明显。

由于我收藏的这部《游记》品相一般，故不知当年是否带有护封。

第二次印刷是在1986年，16开本（影印），精装一册。版权页上印有："商务印书馆出版 上海影印厂印刷 1928年11月初版 1986年1月第一版 1986年1月上海第一次印刷 印数3800册 定价12.55元。"蓝灰色漆皮布封面，胶版纸护封为赭石色，深赭色暗山水图，烫金手书隶体"徐霞客游记"5个字（书脊同此）。

第三次印刷是在1996年，除印厂是中国科学院印刷厂、1996年1月北京第二次印刷、印数4000册、定价81.60元及蓝绿色漆皮布封面外，其余与1986年版相同。另外，护封底纹山水图案与1986年版略有差异。

后两版的商务印书馆地址都在北京。

我第一次见到并购得丁编《游记》，是在江苏宜兴。

2004年10月20日，我"重走霞客路"到达宜兴，在我入住的香江大酒店旁是文庙。傍晚时分，文庙已关门谢客，但其门口一个叫三味书屋的小书店仍然亮着灯。我在店里的一个放满旧书的架子上，见到一本1986年版《游记》，花60元买下。

2006年，时任《徐霞客研究》主编的黄实先生，送我一部十品的1996年版《游记》。

至于1928年版《游记》是什么模样，我一直无缘得见，仅从吕锡生主编的《徐霞客研究古今集成》上了解到："该版本为16开，用大字印刷，精装，分上下二册。"

2008年，我在北京八宝山博古艺苑旧书市场撞见了梦寐以求的1928年版《游记》。当我捧着已整整"80岁"的这部名著，心花怒放。然而遗憾的是，没有见到《附图》。

三个印本放在一块儿比较后发现，后两个本子是1928年版的影印本，字迹略显模糊，字的颜色也较浅，凡是笔画较多的繁体字，油墨都有些糊。

在后两个印本的重印说明中，编者说："1987年是徐霞客诞生400周年，国内将进行隆重的纪念活动。一些学者建议重印丁编《游记》……我们赞成这个建议，特将丁编《游记》重印出版。为了保留原书的历史面目，《年谱》中的一些事实失误、地名和沿袭的称呼，不予改动。"

为了弥补上述一些缺憾，商务印书馆将方豪所作的《〈徐霞客先生年谱〉订误》附于《游记》书末，还将王成组于1984年撰写的《〈徐霞客游记〉丁文江编本读后感》一文置于卷首。王成组的这篇应商务印书馆之约写作的论文，从丁编本的特征与重印的意义、《徐霞客先生年谱》的贡献、关于丁编本的补充意见等三个方面阐述了丁编本《游记》及《年谱》在徐学研究中的历史地位和作用，同时提出了自己对丁编本《游记》的补充意见。

丁编本《游记》中的《潘序》及《丁序》

清代潘耒曾经为《游记》作序，是为哪个版本写的呢？至今是个谜。众所周知，大凡序都应依附于一本著作，内容为作者说明写书的经过，或他人介绍和评论书籍的内容。而生活在清朝的潘耒为《游记》作的序，却收在他自己所著的《遂初堂集》之卷七上。梁启超也说："此序亦为游记刻本所未载。"（《梁任公先生代序》，载于沈松泉校点本《徐霞客游记》）这就奇怪了。我们设想，一个读者（不管是名人还是普通人）看过一本心仪的书，如果想说点什么，大概有以下两种可能。第一种可能是在作品研讨会上即席发言，经过整理成为文字稿，或事先准备一个讲稿；这种文字稿或讲稿都有可能署名后登在报纸上，或者刊载在研讨会的论文集中，或由出版社出版发行。第二种可能是写篇书评之类的文章，发表在报纸上或者上传到网上。但总不能以序的名义出现。可是这里却出现了意外，且是一位清朝著名的大学问家。

资料显示，明清到民国间为《游记》作序的有11人。这11人中，仅有两人不是《游记》的整理者或点校者，分别是潘耒和梁启超。梁是在接到沈松泉请求其写序的信后，回信述说自己不能完成的原因。沈松泉将这封回信刊于他点校的《游记》卷首，冠以代序面世，这也是《游记》唯一的一篇代序。严格地讲，这不是一篇真正意义上的序。

序言的产生方式，一是自撰，二是他人写，古往今来莫不如此。但潘序既不是潘自己因点校《游记》而作，也非应他人之约，那他为《游记》作序的原因是什么呢？愚以为有两种可能，一是潘曾点校过《游记》，二是潘曾应人之约为某人点校的《游记》作序。如果两个猜测中有一个成立的话，那就是说在清代初年曾经有一个版本面世，该版本上有吴江潘次耕作的序，只是后来被岁月所湮没。这个版本是否仍然存世？乃是一个待解之谜。

在丁文江编本的《游记》上，丁首先把之前各个版本的《游记》放在卷首的《叶序》《季序》《徐序》《杨序》等，全部移至卷二十《旧序篇》中，而端端正正地把潘序放在第一页，并在按语中说："序《徐霞客游记》者多矣，然皆不足以知霞客先生，惟次耕此序，首言先生之游，与他人不同。"（《徐霞客游记旧序》引自《徐霞客游记》，第2页）

丁文江坦言，在着手作徐霞客年谱时，也不知有潘耒的序，而是梁启超先生读潘耒所著《遂初堂集》时偶然发现的。丁形容当时的梁启超"举以见示，喜极欲狂"。

在沈松泉校点本卷首的《梁任公先生代序》中，梁写道："吾友丁君文江，研究霞客最深。吾以此序抄示之，彼欢喜赞叹，谓为佳构。"丁梁二人的文字互为佐证，可见他们都极推崇潘序。

潘耒之序，确有其独到之处。开篇他就对旅行提出了超出常人的见解，说，文人达士，多喜言游；游，未易言也。他强调出游的三个条件，一是游者的素养，即无出尘之胸襟，不能赏会山水；二是游者的体质，即无济胜之肢体，不能搜剔幽秘；三是游者的时间，即无闲旷之岁月，不能称性逍遥。潘耒还提出："近游不广，浅游不奇，便游不畅，群游不久。自非投身物外，弃绝百事，而孤行其意，虽游犹弗游也。"这些观点不仅是潘耒个人出游的体会，也是对徐霞客出游的高度概括。

潘序的深刻意义在于潘耒对徐霞客的理解，正如丁文江所言："惟次耕此序，首言先生之游，与他人不同，叹为'亘古以来，一人而已'。"

潘耒在序中说："霞客之游，在中州者，无大过人；其奇绝者，闽、粤、楚、蜀、滇、黔，百蛮荒徼之区，皆往返再四。其行不从官道，但有名胜，辄迂回屈曲以寻之。先审视山脉如何去来，水脉如何分合，既得大势，然后一丘一壑，支搜节讨。登不必有径，荒榛密箐，无不穿也；涉不必有津，冲湍恶泷，无不绝也。峰极危者，必跃而踞其巅；洞极邃者，必猿挂蛇行，穷其旁出之窦。途穷不忧，行误不悔。瞑则寝树石之间，饥则啖草木之实。不避风雨，不惮虎狼，不计程期，不求伴侣。以性灵游，以躯命游，亘古以来，一人而已。"（褚绍唐、吴应寿整理：《徐霞客游记》）潘序说："宇宙间不可无此奇人，竹素中不可无此异书。"

丁文江序文的全称为《重印徐霞客游记及新著年谱序》。丁文江在序的第一段，首先介绍了自己"认识"徐霞客的过程，即他的老师叶浩吾对他说，你是搞地学的，而且喜好旅游，那么必须读《徐霞客游记》，况且徐霞客还是你的老乡。这时候，丁文江才知道徐霞客其人其事。

接着，丁文江说自己进入云南，在滇东滇北考察二百多天。徐霞客曾经踏访过这一带，并在日记中有详细的记载。丁文江对照《游记》，惊叹徐霞客精力的丰富、考察的精准、记录的详细等。作为一位地质学家和探险家，丁文江追踪徐霞客的旅行路线，以其一贯主张的"科学精神"，见证了徐霞客的发现，纠正了霞客的一些错误观点，还填补了这位地质考察先驱留下的空白。

丁对霞客严谨的治学态度、吃苦耐劳的务实精神敬佩不已，这才有后来丁为霞客作年谱、重编《徐霞客游记》并配地图等壮举。

在《丁序》中，丁文江以十分敬佩的语气赞颂了徐霞客的勇气和献身精神："乃求知之念专，则盗贼不足畏，蛮夷不能阻，政乱不能动，独往孤行，死而后已。"

丁文江是一位非常坦诚的学者，在序中他将协助搜集地图、核实校对的人士一一记录在案，而胡适建议将年谱与《游记》同印，以及各家不同版本对丁编本的帮助等内容也都罗列序中。

丁是第一位给徐霞客编年谱的人

"在现代地学界的学者之中，丁氏是第一个重视《徐霞客游记》这部书的人，而且采用年谱的方式以阐明这一位自学成才的明代地学专家的生平事迹。"（王成组：《〈徐霞客游记〉丁文江编本读后感》）

丁撰《年谱》，较为客观、系统、翔实地介绍和评价了霞客。说客观，是与其他一些传略或墓志相比较而言。自明末流传下来的介绍霞客的文字，不少有夸大事实、主观臆断之处。说系统，是指《年谱》按照徐氏的一生经历叙事，脉络清晰。而翔实，则指《年谱》对徐氏身世的考证详细。

纵观明清以来的许多学者，都敬仰徐氏的人格魅力和赞赏他的《游记》，称"徐霞客千古奇人，游记乃千古奇书"。（钱谦益：《嘱毛子晋刻游记书》，引自褚绍唐、吴应寿整理：《徐霞客游记》，上海古籍出版社，1997年，第1186页）丁文江认为这些认识仅仅停留在对徐霞客奇特的行踪的欣赏及对《游记》文字的赞誉。丁曾说："钱牧斋说：'徐霞客千古奇人，游记乃千古奇书。'似乎他真是徐霞客的知己。然而看他所做的徐霞客传，连霞客游历的程途都没有弄明白，其可谓怪事！"（丁文江：《徐霞客游记》，引自郑振铎《中国文学研究·下》，载《小说月报》第17卷号外，民国十六年六月初版）丁对许多旁人也表示不满："后来的人随声附和，异口同声地说'奇人''奇书'，但是他们不是赞赏他的文章，就是惊叹他的脚力。除去了潘次耕以外，没有一个人是真能知徐霞客的。因为文章是霞客的余事，脚力是旅行的常能，霞客的真精神都不在此。"（丁文江：《徐霞客游记》，引自郑振铎《中国文学研究（下）》，载《小说月报》第17卷号外，民国十六年六月初版）在《丁序》中，丁文江写道："故仅知先生文章之奇,而不能言其心得之所在。"(丁文江:《重印徐霞客游记及新著年谱序》,引自丁文江编:《徐霞客游记》,商务印书馆,1986年,第1页)丁在《年谱》中阐明了霞客的"真精神":"然则先生之游,非徒游也,欲究江河之渊源、山脉之经络也。"

丁文江通过年谱这种形式,高度评价了徐霞客终生不懈地探索大自然奥秘的求知精神和科学探索精神,阐明一位自学成才的地理学家的生平成就。丁文江用近代科学方法论来研究徐霞客,从现代地学的视角评价《游记》,是具有开创性的。

丁文江为徐霞客撰写年谱的里程碑意义,恰恰在此。丁文江在《徐霞客先生年谱》中说:"故凡论先生者,或仅爱其文章,或徒惊其游迹,皆非真能知先生者也。"(丁文江编:《徐霞客游记》,商务印书馆,1996年,第29页)

胡适在其编的《丁文江的传记》中说:"徐霞客在三百年前,为探奇而远游,为求知而远游,其精神确是中国近代史上最难得、最可佩的。……在君在三百年后,独自在云南、川南探奇历险,做地理地质的调查旅行,他的心目中当然常有徐霞客'万里退征'的伟大榜样鼓舞着他。他后来用他的亲身经验和地理新知识来整理《徐霞客游记》,给他作详细地图,给他作'年谱',并在'年谱'里一面表彰他的重要发现,一面也订正他的《盘江考》《江源考》里的一些错误。这就是他报答那位三百年前的奇士的恩惠了。"(胡适:《丁文江传》,海南出版社,2002年)

古往今来,丁文江第一个采用年谱的方式,阐明徐霞客这位自学成才的明代地学专家的生平事迹。丁文江撰写的《徐霞客先生年谱》,较为客观、系统、翔实地介绍和评价了徐霞客的一生。这里说的客观,是与其他一些传略或墓志相比较而言。王成组在《〈徐霞客游记〉丁文江编本读后感》一文中,专门写了《〈徐霞客先生年谱〉的贡献》一节，说："丁编本首先冠以丁氏自著的《年谱》，这篇文献涉及徐霞客这位杰出的专家的家史、生平事迹、旅游活动、游记著述与流传，也是空前的重要贡献。"他接着介绍说："卷二十《外篇》所收集的墓志铭与传略，都有夸大事实、先后失当之处，《年谱》基本上清理得井井有条、真相大白。"原来，自明末流传下来的介绍霞客的文字，有不少作者主观臆断、与事实不符之处。《徐谱》按照徐氏一生经历叙事，脉络清晰，对徐氏的身世考证也较为详细。

1963 年 3 月，中国第一位地质学博士、著名地质学家翁文灏重读丁文江撰《徐霞客先生年谱》时，曾赋诗予以赞扬，并加注说明："丁文江作年谱，详考地方志书，并查各种地图……对盘水分合及长江源流尤多指正，对于灰岩、潜水、火山、浮石等亦分别穷源探流……诚年谱中之具有学术价值者。"（洁甫：《丁文江和商务印书馆》，引自《商务印书馆九十年》，商务印书馆，1987 年，第 557 页）《徐霞客先生年谱订误》的作者方豪也赞叹"年谱亦确有其独到之处"。（方豪：《徐霞客先生年谱订误》，引自《徐霞客游记》，商务印书馆，1996 年）并说："年谱为景仰先生者所必读。"（方豪：《徐霞客先生年谱订误》，引自《徐霞客游记》，商务印书馆，1996 年）

对徐霞客及其《游记》来说，丁编《年谱》还有以下几个意义：是研究徐霞客生平的重要参考资料，为学术研究提供了翔实的实证资料，具有重要的学术价值；年谱记载了有关徐霞客文献资料的来源，而且下大力气发掘文献所没有记载的资料；年谱反映了徐霞客学术思想的形成与变迁经过，有利于对《徐霞客游记》的考证与研究。

一部上乘的年谱一定要做到史实考证严密、考订事迹详尽，引经据典专业、参考资料丰富、选用材料恰当、排订年月细微。因此，年谱这一历史文献体裁始终为学界所重视。清代史学家章实斋说，年谱之作，"有补于知人论世之学，不仅区区考一人文集而已"。（胡适：《章实斋年谱 齐白石年谱》，安徽教育出版社，1999年）当代著名史学家吴泽说："余治史六十多年，深知年谱于史学研究之重要。早年尝读先贤年谱，常叹其考订事迹之详、引经据典之专、排订年月之细，非它书能比。"（黄秀文：《〈中国年谱词典〉序》，百家出版社，1997年）我们欣喜地看到，丁文江编撰的《徐谱》，完全达到了这个高度。

丁文江编撰的《徐霞客先生年谱》，奠定了近代徐学研究的基础，被认为是徐学领域的"开山之作"，成为徐学研究者的必读之作。上世纪80年代，褚绍唐在吸收新资料、利用新成果的基础上，对丁编"年谱"进行了修订扩充，撰成《增订徐霞客年谱》。1997年田柳为《徐学概论》一书撰写了《新订徐霞客年谱》，褚谱和田谱成为当今徐学领域的新成果。

丁编《年谱》的出版情况：1928年11月初版的上海商务印书馆《徐霞客游记》、1986年1月和1996年1月商务印书馆出版的《徐霞客游记》内，均有《徐霞客先生年谱》。

1987年10月上海古籍出版社《徐霞客游记》及以后再版的诸印本，均有《徐霞客先生年谱》。

1978年5月台湾商务印书馆出版的《明徐霞客先生宏祖年谱》（单行本）。

丁为《游记》独创性地绘制了地图

从明末到清朝再到民国，三百多年间《游记》的抄本约有30种，印本也有20多种，但都没有地图。丁文江认为"舆地之学，非图不明，先生（指徐霞客）以天纵之资，刻苦专精，足迹又遍海内，故能言之如指掌。后人限于旧闻，无图可考，故仅知先生文章之奇，而不能言其心得之所在"。（丁文江：《重印徐霞客游记及新著年谱序》，引自丁文江编：《徐霞客游记》，商务印书馆，1986年，第1页）所以，只有配上霞客行踪的地图，才能够"使读者以按图证书，无盲人瞎马之感"。（丁文江：《重印徐霞客游记及新著年谱序》，引自丁文江编：《徐霞客游记》，商务印书馆，1986年，第1页）

据丁文江所著《重印徐霞客游记及新著年谱序》（以下简称《丁序》）载，丁于1921年夏季绘制了一幅徐霞客旅行的总路线图。这年他辞去已担任5年多的地质调查所所长之职，又挑起刚刚组建的北票煤矿公司总经理的重任。由于公务繁忙，难以抽出时间亲自搜集、整理、绘制《游记》详图，按他自己的话说："职务所羁，无复余力。"因此，他请托同事或朋友于考察或旅行时留意收集霞客到过的地方的地图。众人拾柴火焰高，丁文江陆续收到了天台山雁荡山（朱庭祜提供）、白岳山（今齐云山）黄山（叶良辅提供）、嵩山（谭锡畴提供）、华山（李济之提供）、太和山（今武当山）（谢家荣提供）、庐山（王竹泉提供）、衡山（刘季辰提供）等地图，另外加上地质调查所收藏的各省地图，丁请闻齐、赵志新负责编绘，最后"共得图三十六，虽不能尽精尽确，然已可为读游记者之助"。

前面我说在2008年购得1928年版丁编《游记》，但没有《附图》。在写这篇文稿时，我又反复研究《丁序》，总感到文中提到的闻齐和赵志新两个名字仿佛在哪里见过，但一时又想不起来。为搜集写作本文的素材，我把散落在各处的书及资料翻了一遍，无意间在单位的文件柜中看到了我于2002年5月在安徽屯溪老街的一家书铺里买的一本《徐霞客游记附图》。拿在手中，我的眼睛一亮：封面上印有"闻齐 赵志新同编"字样，莫非这就是1928年版丁编《游记》的《附图》？

记得买这本地图时，我问店主书是什么时候印的，他说从纸的颜色看估计是20世纪四五十年代。当时我已热衷搜集与徐霞客有关的东西，就买了下来。那时，我还没见过丁编本《游记》，也不知道闻齐和赵志新是何许人，所以并没拿这册图集当回事。最主要的原因是我于1990年在新华书店买过一本褚绍唐主编、中国地图出版社出版的《徐霞客旅行路线考察图集》，徐行走的路线极为详尽，主图附图共计70幅，我"重走霞客路"时，一直带着这本图集。所以，对在屯溪买的这本薄薄的仅有30多页、既无出版单位又无出版时间和定价的"三无产品"，就"束之高阁"了。

今天突然看到这本16开本的精装地图册，一扫脑海中书贩的是20世纪四五十年代所印的说法，我想它大概是1928年"出生"的。我急切但又小心地打开图册，看到目次页后的第一幅图，图例上印有"中华民国总图"字样，这应该就是丁文江绘制的总图。下一页是一个折页，展开是天台山图，图例上写着"民国十三年八月闻齐编制"几个字。

莫非早于丁编《游记》4年，地图册就出版了？如果说是同时出版，如下问题又如何解释？之一，为何地图的封面是用罗纹厚板纸，而没有使用《游记》的布面？之二，常规一书如分为若干本出版，在每册上都会出现出版社的名称、标识，而在《附图》上不仅没有商务印书馆的名称，封底也没有凹印的标志；之三，《游记》封面的字体是手书，无色压凹，书脊是宋体烫金字，而附图的封面字体为铅字隶书，黑色，书脊无字。总之，除开本都是16开，编绘者为闻齐、赵志新（因丁在序中提到他们），其余任何地方都看不出《附图》与1928年版丁编《游记》有相似之处。

如果说两者不是同时出版的，那么也有解不开的谜。地图的编绘者是闻齐和赵志新，二人是丁文江邀请为《游记》整理绘制地图的人，且图册上明确写着那是《游记》的附图，那么此图必依附于一部《游记》才合情合理。

假设此图册不是丁编《游记》的附图，那必定还有一个版本的《游记》存世。丁江文为《游记》配地图是一个首创，这一创新之举也为后人提供了一个示范。"1976年上海古籍出版社在约请褚绍康、吴应寿整理《游记》的同时，又请褚绍康、刘思源在1928年丁文江原编《徐霞客游记附图》的基础上纠正一些错误，采用标准底图，编绘了39幅旅行路线图，作为新版《游记》附图。"（褚绍康主编：《徐霞客旅行路线考察图集》前言，中国地图出版社，1991年）

这里所说的新版《游记》，就是上海古籍出版社于1980年出版的。"但当时限于条件，未能实地踏勘，此图仍存在不少缺点，也未能概略地表示地形。1982年冬，《徐霞客游记》及《附图》责任编辑周宁霞和桂林市文联的刘英到广西玉林、北流、容县等地踏勘徐霞客游踪，在逐一核定地点名的基础上，探索了重绘旅行路线图的途径。"经多方组织的协作、数十人的参与，对上海古籍出版社1980年版的《附图》作了较为全面的修订和重绘。"重新编绘的旅行路线图集，由原来的39幅增为45幅……正图之外，又增加了附图共25幅。"这就是截至目前最权威的、由中国地图出版社于1991年2月出版的《徐霞客旅行路线考察图集》。

根据我手边的资料，绘有徐霞客游踪的本子还有1997年4月贵州人民出版社出版的、由朱惠荣等译注的《徐霞客游记全译》，以及1999年4月云南人民出版社出版的、由朱惠荣校注的《徐霞客游记校注》。上述两部书稿用图相同，计16幅。"徐霞客旅游路线图由戴顺德清绘。"（朱惠荣等译注：《徐霞客游记全译》前言，贵州人民出版社，1997年，第16页）

丁文江视《游记》为励志教科书

丁文江褒扬徐霞客、推介徐霞客，用近代地理观念肯定了《游记》的科学价值，从而使《游记》在中国科技史和世界科技史上确立了应有的地位。然而，笔者认为，更深一层的含义是丁文江一直将《游记》视为一部激发青年奋进的教科书。丁本人对霞客及《游记》的认识，也经过了由浅入深、由表及里的过程。

第一阶段，可称为"初识"：丁在《丁序》中说："余十六出国，二十六始归，凡十年未曾读国书，初不知有徐霞客其人。辛亥自欧归，由越南入滇，将由滇入黔。叶浩吾前辈告之曰：'君习地学，且好游，宜读《徐霞客游记》。'"这是 1911 年留学归来的丁文江第一次从叶浩吾先生那里听到"徐霞客"这个名字。丁听后便在昆明寻觅《游记》，终没能买到。后在上海购得，偶读之。

第二阶段，可视为"认知"：3 年后的 1914 年，丁又入云南考察。他携带《游记》"独行滇东滇北二百余日，倦甚则取游记读之，并证以所见所闻，始惊叹先生经历之富、观察之精、记载之详且实"。

第三阶段，可认为"褒扬"：即撰《徐霞客先生年谱》、书写《重印徐霞客游记及新著年谱序》，同时还编辑出版《徐霞客游记》，为之加标点、绘地图、增《家祠丛刻》、配发霞客画像、刊载《潘耒序》等。

在上述三个阶段的基础上，升华为第四个阶段——励志。在《丁序》的最后，丁文江热情地称赞霞客的勇气和献身精神："乃求知之念专，则盗贼不足畏，蛮夷不能阻，政乱不能动；独往孤行，死而后已。"丁文江用徐霞客"独往孤行"的求知勇气教育青年人要正视困难，用"死而后已"的献身精神鼓励青年人奋发向上。接着丁文江语重心长地说："今天下大乱，不及明季，学术之衰，乃复过之。而青年之士，不知自奋，徒借口世乱，甘自暴弃。观先生之风，其亦可以自愧也乎！"《丁序》结尾处的惊叹号，好似流露出丁文江对青年人的希冀。

这篇序的落款时间是民国十六年七月七日，即1927年。那是一个风雨飘摇的年代，在这样一个特殊的历史时期，丁的用心可谓良苦。

的确，丁文江在序中的言论是有其寓意的。丁曾在为《地质汇报》第一号写的序中，引用德国人李希霍芬的话："中国读书人专好安坐室内，不肯劳动身体，所以他种科学也许能在中国发展，但要中国人自做地质调查，则希望甚少。"丁在《年谱》中写道："然则先生之游，非徒游也，欲穷江河之渊源，山脉之经络也。此种'求知'之精神，乃近百年来欧美人之特色，而不谓先生已得之于二百八十年前。"

正如叶良辅所言："丁先生的推崇霞客，还有别的用意。他一面是为外国人常说中国学者不能吃苦，要借他一雪此言，一面要借一个好模范来勉励一般青年去做艰险的工作……"翁文灏说："先生对于后进青年之鼓励，亦无所不至。在其领导之下，青年每能立定意志，从事一生之事业。"（翁文灏著：《丁文江先生传》，引自欧阳哲生编：《丁文江先生学行录》，中华书局，2008年，第153页）

丁文江慨叹前辈徐霞客表率的力量，也为有为青年感到欣慰。赵亚曾，青年地质学家，1929年11月在西南地质大调查中被土匪杀害，时年31岁。丁闻讯后万分悲痛，为赵料理后事、筹款，还为赵的孩子准备教育经费等。

综上所言，丁文江为徐霞客和《游记》作了如下工作：一是编《年谱》，二是绘地图，三是加标点，四是增《家祠丛刻》，五是配霞客像，六是载《潘耒序》，七是作序文一篇，八是采用大开本（16开）、大字号（便于阅读）、精装形式出版发行（这在20世纪20年代是鲜见的）。

方豪在盛赞丁编《游记》内容丰富和《年谱》"确有其独到之处"后指出："《徐霞客游记》虽踪迹限于

国内，惟其书之价值亦至巨且大，然三百年来，仅三五人为辑刻行世而已。起而作较详研究者，殆莫先于丁文江先生。微先生之功，吾人今日恐仍只能手一卷蝇头细字之旧刻本，或并此亦不可求，遑论其他。丁先生之功不可泯也！"

当然，由于当年的条件所限，丁编本《游记》中还存在着一些不足，如讹误、错字、别字较多，地图线路也有不少误漏。另外，分卷编排页码，没有全书总页码，读者不便翻阅。

1986年商务印书馆再版丁编本《游记》，在《重印说明》中写道："丁编本《游记》和《年谱》虽成书于60年前，但这是一本开山之作，代表了一个时期的研究成果，为后继者开拓了道路，是值得人们纪念和参考的。"

经过上述对丁编本《游记》版本的研究和考证，我们可以认为，这部开山之作在徐学研究的历史长河之中，具有里程碑意义；丁文江先生应被誉为徐学研究的先驱。

商务印书馆
"国学基本丛书"本

印刷时间
民国二十二年（1933）
六月初版

装帧品相
全1册 精装
9品

开本尺寸
130×187mm

版本来源
潘家园旧书市（北京）

购买年月
2016.9.10

参考时价
400元

提 要

《徐霞客游记》 藏本为商务印书馆（上海河南路）民国二十二年六月初版，定价大洋1.4元，纸面精装。属"国学基本丛书"。目次之前有如下说明："本书系用"万有文库"版本印行，原装分订六册，每册面数各自起迄，今合订一册，面数仍旧，读者鉴之。"该书是民国年间图书由线装转向"洋装"期间纸面精装书的一个典型样本。所谓"洋装"，即指采用机制纸印刷的书籍，也就是今天说的平装和精装。这部纸面精装书的封面和扉页完全没有了上世纪20年代线装书的痕迹，文字都是横排，封面还使用现代几何图案作为装饰。纸面精装不及布面、皮面等华丽，但其成本要低很多，与平装本相比更易于保存、更贵重，因此是民国时期出版物的一种重要的装订形式。

封面、书脊及封底

商务印书馆
"国学基本丛书简编"本

印刷时间
不详

装帧品相
全 3 册 平装
9 品

开本尺寸
130×190mm

版本来源
书友交换

购买年月
2015.12

提 要

《徐霞客游记》 藏本为商务印书馆出版，无版权页，信息不详。属"国学基本丛书简编"本，封面纸质褐色锦纹图案，左上角有竖式书名签条，仍带有线装书设计痕迹。本书出现印有花纹的环衬，正文版式也与民国期间的出版物有所不同，书页的天头地脚留白较多。环衬的出现及版式的变化，都与现代书籍的设计风格接近。这本书从一个侧面说明当时书籍的装帧设计开始摆脱民国线装书的束缚，渐渐接纳了西方书籍设计的理念。该书原分装 6 册，现为上中下三册。

环衬

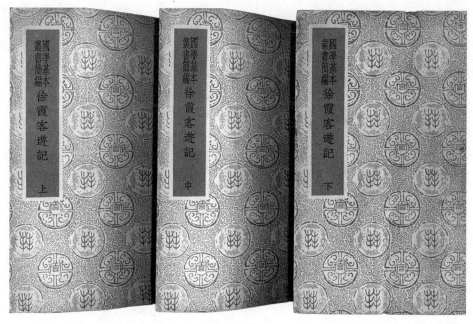

上中下册封面

商务印书馆
王云五主编本·1

印刷时间
民国二十三年（1934）
七月再版

装帧品相
全6册 平装
9品

开本尺寸
117×173mm

版本来源
报国寺旧书市（北京）

购买年月
2007.1.14

参考时价
300元

提 要

《徐霞客游记》 王云五主编，藏本为商务印书馆民国十八年（1929）十月初版，民国二十三年七月再版，属"万有文库"丛书。封面为布纹纸，棕色纹样宽框。第一册扉页有"群众出版社资料室"印戳，余下各册扉页有"中华人民共和国公安部"章。不属"百衲本"，也该称"拼装本"吧。

版权页

封面

提 要

印刷时间
民国二十八年（1939）九月

装帧品相
全 6 册 平装
10 品

开本尺寸
117×173mm

版本来源
网店
神州旧书店（香港）

购买年月
2007 年 7 月

参考时价
85 元

封面

《徐霞客游记》（附丁撰年谱） 王云五主编，藏本为商务印书馆民国十八年（1929）十月初版，民国二十八年九月简编本，属"万有文库"丛书。牛皮纸封面，藏蓝色宽边花纹框，扉页和环衬为橘色云纹边框。

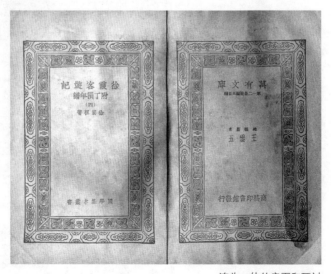

连为一体的扉页和环衬

商务印书馆
刘虎如选注本·1

印刷时间

民国十八年（1929）六月初版

装帧品相

全1册 平装
9品

开本尺寸

130×191mm

版本来源

2015.7
书友汪惟华赠送

提 要

《徐霞客游记》 选注者刘虎如，编辑主干王云五、朱经农，藏本为商务印书馆（上海宝山路）民国十八年六月初版，155页，定价大洋6角，属"学生国学丛书"。封面宽带黑底反白，图案为酒具、奔马、白鹭、狮头及古代马车等。书名字体为行楷。书首有刘虎如作于1927年11月19日的序。本书内容包括15篇名山日记、2篇闽游日记、1篇游九鲤湖日记，还有《盘江考》和《江源考》。扉页有朱文"海星藏书"印，书后有2页关于商务印书馆的11部书籍的广告。

本书是初版1印，且是1929年印刷，品相上乘，一直是我收藏的目标，惜久寻不遇。2015年7月的一天，多年老友汪惟华打来电话，兴奋地告诉我一个好消息：他一直想送我的礼物终于淘到了，就是这本商务印书馆民国十八年六月初版一印的《徐霞客游记》。这让我想起几个月前的一个周六，我接到汪兄的电话，说他正在潘家园呢，看到两个版本的《游记》，问我是否收藏。他报上出版社和出版日期，遗憾，都是我的囊中之物了。他说他总

封面

想发现一个我没有的本子。汪兄啊，用心良苦！刘虎如的这个选注本，二、三印我都有藏本，惟这一版一印不肯露面。对我来说，真可谓"踏破铁鞋无觅处，得来全不费功夫"！

商务印书馆
刘虎如选注本·2

印刷时间
民国十九年（1930）四月初版

装帧品相
全1册 平装
10品

开本尺寸
118×175mm

版本来源
书友转让

购买年月
2015.7

参考时价
400元

提 要

《徐霞客游记》 选注者刘虎如，主编王云五，藏本为商务印书馆民国十九年四月初版，155页。版权页上无定价，内容与民国十八年六月初版无异。封面有"万有文库"字样，扉页有"学生国学丛书"字样。该书的扉页盖有"天津交通银行同人俱乐部图书室"和"群众出版社资料室"印章。封面是棕色纹样。本书品相佳。

封面

**商务印书馆
刘虎如选注本 · 3**

印刷时间
民国二十三年（1934）
五月国难后第一版

装帧品相
全 1 册 平装
7.5 品

开本尺寸
130×191mm

版本来源
网店
文兴书社（上海）

购买年月
2014.12.9

参考时价
76 元（含 6 元邮费）

提 要

　　《徐霞客游记》　选注者刘虎如，编辑者王云五、朱经农，藏本为商务印书馆（上海河南路）民国十八年（1929）六月初版，民国二十三年五月国难后第一版，155 页，定价大洋 6 角。属"学生国学丛书"，内容与民国十八年六月初版无异。封面设计与民国十八年六月初版基本相同，稍有差异的是：一、书名虽然都是手书的"徐霞客游记"，本书为隶书，而民国十八年六月版是行楷；二、本书封面上"刘虎如选注"及"商务印书馆发行"是宋体字，另一版本是黑体，若不两相对照，很难分辨。版权页也有意思，首先，选注者刘虎如照旧，编辑主干改为编辑者，仍然是王云五、朱经农二人。还有版权页上"国难后"3个字用黑色涂掉，如果不是我另有一本没有涂抹的，根本看不到黑色下面是什么字。

封面，书名字体为隶书，有别于民国十八年版楷体

**商务印书馆
刘虎如选注本 · 4**

印刷时间
民国二十六年（1937）
五月初版

装帧品相
全 2 册 平装
10 品

提 要

　　《节本徐霞客游记》　选注者刘虎如，主编者王云五、丁骏音、张寄岫，藏本为商务印书馆民国二十六年五月初版，172 页，每部实价国币 4 角 8 分。属"中学国文补充读本"丛书，内容与民国十八年（1929）六月初版无异（之所以内容相同，却比其多

开本尺寸
130×190mm

版本来源
书友转让

购买年月
2014.11

参考时价
400元

封面

17页，是因为本书每页少排一行）。封面灰蓝色絮丝纹理，边框简洁雅致，蓝棕色印刷。本书品优。

**商务印书馆
刘虎如选注本·5**

印刷时间
民国二十八年（1939）
十月再版

装帧品相
全2册 平装
8品

开本尺寸
130×190mm

版本来源
书友转让

购买年月
2014.11

参考时价
300元

提 要

《节本徐霞客游记》 选注者刘虎如，主编者王云五、丁馥音、张寄岫，藏本为商务印书馆民国二十八年十月再版本，版权页增加了发行人王云五（长沙南正路），每部实价国币6角5分。封面为棕色印刷。

封面

提 要

印刷时间
民国三十六年（1947）
三月第三版

装帧品相
全1册 平装
9.5品

开本尺寸
128×182 mm

版本来源
网店
骁龙书店（长沙）

购买年月
2012.7

参考时价
100元（含邮费）

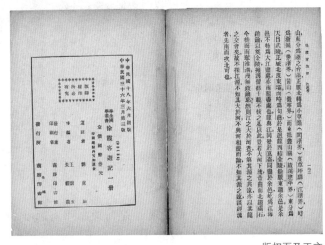

版权页及正文

《徐霞客游记》 选注者刘虎如，主编者王云五、朱经农，藏本为商务印书馆民国十八年（1929）六月初版，民国三十六年三月第三版，172页，定价国币3元。封面注有"新中学文库"，版权页有"学生国学丛书"字样，与商务印书馆民国二十六年（1937）五月初版《节本徐霞客游记》是同一个底本。封面絮状暗纹理，棕色几何形边框，双马图案。

封面

徐霞客游记书影

印刷时间

民国三十六年（1947）
三月第三版

装帧品相

全 1 册 平装
8 品

开本尺寸

127 × 180 mm

版本来源

护国寺旧书市（北京）

购买年月

2014.11

参考时价

300 元

封面　　　　　　　　　　　封底

　　《徐霞客游记》 选注者刘虎如，主编者王云五、朱经农，藏本为商务印书馆民国十八年（1929）六月初版，民国三十六年三月第三版，172 页，定价国币 3 元。封面有"学生国学丛书"字样，封面与民国二十三年（1934）五月版的图案、字体相同，不同之处是本书天头出血。本书封底盖有"特价人民币 2000"的蓝色字，似为解放初的价格。

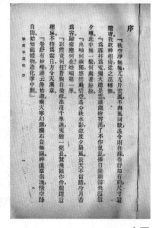

扉页　　　　　　　　　　　序页

第一个为《徐霞客游记》做编选本的人应该是刘虎如。准确地说，那是选注本。我收藏的刘虎如选注本《徐霞客游记》共 7 部，最早的是民国十八年（1929）六月初版，最晚的是民国三十六年(1947)三月版，均是商务印书馆出版的。这些选注本内容相同，开本相当，变化的是主编的称呼（分别称编辑主干、编辑者或主编者）或人员的变化。书首有刘虎如在 1927 年 11 月作的序。刘序很有情致，把徐霞客《赋得孤云独往还》一诗作为开篇，并高度评价说：“其词意之高妙，备极诸长，非身历其境者，何能出此？非长于写景者，何能出此？‘诗言志’，吾人可以观其志矣。”其实这番话也是对《游记》的高度概括。刘序的终结，是以徐霞客的知己黄道周《和徐振之先生孤云往还原韵五首》的诗作结尾，首尾呼应，别具一格。通过黄道周的诗文，可以看出被明史称为“学贯古今”的黄对霞客的尊重与赞扬，以及二人友情的深厚：“死生不易，割肝相示。”（黄道周《遗奠霞客寓长君书》）

刘序从徐霞客之生平、家系、对于地理之贡献及著作等 4 个方面，分别予以介绍。刘序还解读了霞客旅行前后期的情况、霞客对中国地学的贡献等。刘序中大量引述丁文江《徐霞客游记》一文中的观点，阐述徐霞客没有到过西藏等地。因为刘虎如编的是选注本，因此刘序还把《徐霞客游记》全书的目次抄录了一遍。刘序共计 6000 余字。

刘序告诉读者，刘虎如编注《游记》的目的是“欣赏和考证”，因此书中主要收录了徐霞客两方面的作品，一是“极能引起读者之兴趣”的名山大川的文字，二是为“中国地理上之大发现也”的《盘江考》《江源考》两篇著作。因此说，内容上雅俗共赏、深浅结合的选择，也是刘虎如选注本的特色之一。后来出版的不少《游记》选编本，在内容的选取上，都与刘虎如选本相仿。

大中书局

**大中书局
莫厘樵子标点本·1**

印刷时间
民国十七年（1928）三月再版

装帧品相
全4册 平装
7.5品

开本尺寸
130×187mm

版本来源
网拍
有书有赢的书摊（上海）

购买年月
2010.8.19

参考时价
95元（含15元邮费）

提 要

封面   版权页

《徐霞客游记》 标点者莫厘樵子，藏本为上海大中书局(上海四马路中市大中书局发行所)民国十七年三月再版，初版时间不详，定价2元。封面墨绿色，黑色文字竖排，手书"徐霞客游记"，还有大号宋体"新式标点"字样，该字号大于"上海大中书局发行"之字号。

本藏本在每册封二右上角贴有2×3.4 mm一纸蓝戳，有"皖南方记，第××号，第××册"字样。由此推断，本书有可能是一部私藏书。

大中书局
莫厘樵子标点本·2

印刷时间
封面印"1931"字样

装帧品相
全4册（仅收藏第1册）
平装
5品

开本尺寸
132×190mm

版本来源
潘家园旧书市（北京）

购买年月
2008.7.20

参考时价
200元

提 要

封面　　　　　　　书局标识

　　《徐霞客游记》　标点者莫厘樵子，藏本为上海大中书局1931年版，仅收存第1册，其他信息不详。封面蓝底印黑色文字及纹样，特点为六角形图案正中间有双钩"中"字，还有"1931""新式标点"等字样，除"1931"外，文字均从右向左横排。本书在潘家园购得，售书者将本册与沈松泉的2本及另外一个版次的本子合为一套同卖，内容可以衔接，开本也相仿，但全4本是由3个不同出版社的版本凑成的，准确地说应该称为"百衲本"。"百衲本"顾名思义，就是用各种不同的版本拼凑成的一部内容较为完整的书籍。"百衲本"是从僧人的"百衲衣"转化而来的。僧人使用许多布补缀成一件袈裟，便被称为"百衲衣"。用"百衲"称呼版本，系借喻该部书的配本种类较多。

　　沈本我原已收存，该套书我仅为拥有大中书局这个版本而购。

大中书局标点本

印刷时间
民国二十二年（1933）
九月八版

装帧品相
全4册（缺第1册） 平装
8.5品

开本尺寸
131×185mm

版本来源
书友转让

购买年月
2008.3

参考时价
300元

提 要

封面　　　　　　　　　　　　封底

版权页　　　　　　版权页背面的广告页

《徐霞客游记》 标点者大中书局，藏本为上海大中书局（白克路九如里七号）民国二十二年九月八版，定价大洋2元，缺第1册。

新文化书社

新文化书社
莫厘樵子标点本

印刷时间
民国二十一年（1932）
十一月五版

装帧品相
全 4 册 平装
6 品

开本尺寸
130 × 183 mm

版本来源
潘家园旧书市（北京）

购买年月
2006.6.10

参考时价
320 元

提 要

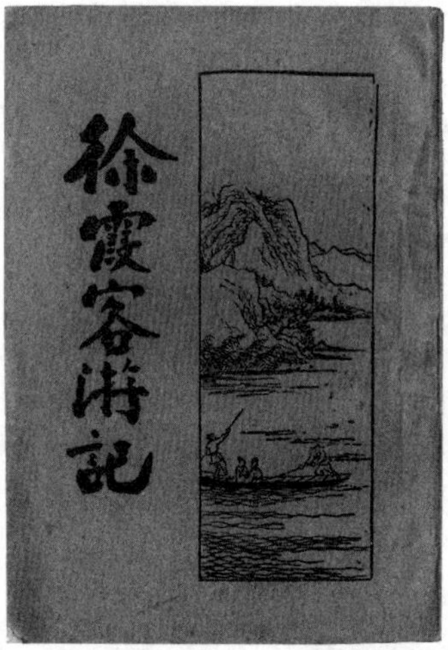

封面

新文化書社出版的新式標點文學書

古文辭類纂 精裝三册定價五元 洋裝六册定價三元六角
經史百家簡編 洋裝一册定價六角
曾文正公詩文集 洋裝二册定價一元
曾文正公六種 精裝二册定價二元八角 洋裝六册定價二元
曾文正公家書 洋裝二册定價一角
曾文正公日記 洋裝一册定價四角
鄭板橋集 洋裝一册定價四角
徐霞客游記 洋裝一册定價二元
老殘游記 洋裝一册定價五角
浮生六記 洋裝一册定價三角
孔子家語 洋裝一册定價七角
世說家語 洋裝二册定價一元
老子新註 洋裝一册定價三角
兩般秋雨盦 洋裝二册定價一元
古文觀止 洋裝四册定價一元六角
王充論衡 洋裝二册定價一元二角
戴南山集 洋裝二册定價一元二角
文心雕龍 洋裝一册定價八角
白香詞譜 洋裝一册定價七角
斷腸詩詞 洋裝一册定價六角

广告页

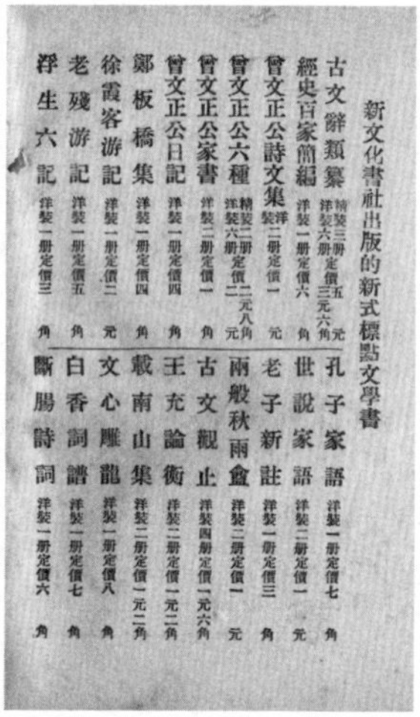

《徐霞客游记》标点者莫厘樵子，校正者何铭，藏本为新文化书社（上海四马路中市）民国二十一年十一月五版，定价大洋 2 元。出版者及印刷者均为新文化书社，版权页标有“新式标点”字样。封面为浅蓝色胶版纸，单色黑印“徐霞客游记”5 个字及远山撑船图。最后一页为新文化书社出版的“新式标点”文学著作 20 种之广告，如《曾文正公六种》，精装 2 册定价 2 元 8 角，洋装 6 册定价 2 元。当时所谓的洋装，就如本部《徐霞客游记》，即指平装。本藏品每本首页都有李绍琦之毛笔签名。第一册钤有李绍滋阳文印章。

印刷时间
民国二十三年（1934）
十月三版

装帧品相
全4册 平装
7品

开本尺寸
130×185 mm

版本来源
网店
古今书院（济宁）

购买年月
2015.10.17

参考时价
300元（含邮费）

提 要

《徐霞客游记》 标点者鲍赓生，校正者何铭，藏本为新文化书社民国二十三年十月三版，定价1.8元。版权页有"可以翻印"字样。封面一如该书社风格，除一幅帆船画及"徐霞客游记"5个字外，别无它物。牛皮纸单色黑印刷。每册封底有标志，第四册封底有

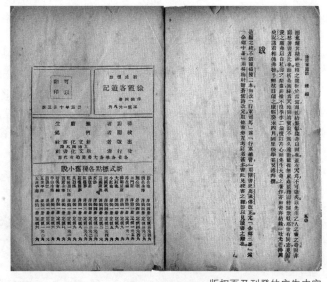

版权页及刊登的广告内容

"静安书店"戳记。封面有收藏者用钢笔书写的"一九三五.八.一八置"字样，原有签名，被划掉。

值得注意的是，每册正文首页标注的标点者是莫厘樵子，而版权页标注的标点者却是鲍赓生。

版权页上"可以翻印"字样

封面

新文化书社
鲍赓生标点本·2

印刷时间
民国二十三年（1934）
十一月再版

装帧品相
全4册 平装
9.5品

开本尺寸
130×185mm

版本来源
网店
林德的书铺（广州）

购买年月
2008.10.16

参考时价
280元（含邮费）

提 要

《徐霞客游记》标点者鲍赓生（版权页标注），校正者何铭，藏本为新文化书社民国二十三年十一月再版，定价1.8元。本书品相好，新式标点，洋装4册，有"不可翻印"字样。版权页有半页广告，推荐新式标点旧小说23部。在编辑《徐霞客游记书影》时，将几本同为新文化书社出版、出版时间也较为接近的《游记》放到一起，发现这本书版权页的标价是"七元八角"，别的都是"一元八角"或两元多。仔细端详，原来书价被做了手脚，"一"上加了"竖弯钩"，由"一"变"七"。

封面

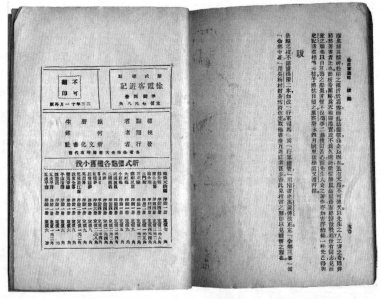

标明"不可翻印"的版权页（好事者把定价改为七元八角）及正文

新文化书社
鲍赓生标点本·3

印刷时间
民国二十四年（1935）
六月再版

装帧品相
全4册 平装
9.5 品

开本尺寸
130×185mm

版本来源
网店
烟雨书店（苏州）

购买年月
2014.3.8

参考时价
300 元

提 要

本版版权页亦标有"可以翻印"字样，图为封面及封底

正文

　　《徐霞客游记》 标点者鲍赓生，校正者何铭，藏本为新文化书社民国二十四年六月再版，定价1.8元。本书品相好，看不出已有70余年的历史。新式标点，洋装4册。版权页有"可以翻印"字样。每册封面钤"张宗瀚"圆形阳文印一枚。

新文化书社
鲍赓生标点本·4

提 要

印刷时间
民国二十五年（1936）
三月再版

装帧品相
全 4 册（缺第 1 册） 平装
7 品

开本尺寸
130×185mm

版本来源
潘家园旧书市（北京）

购买年月
2007.7

参考时价
150 元

本版封面
有"名著游记读本"字样

封底

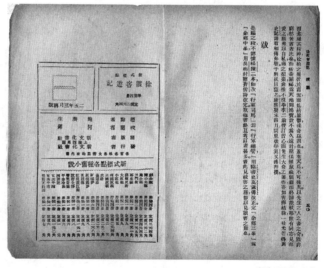

版权页及正文

　　《徐霞客游记》 标点者鲍赓生，校正者何铭，藏本为新文化书社民国二十五年三月再版，定价2.4元。本版封面有别于该书社之前出版的《游记》，增加了"名著游记读本"字样。版权页与其他本子的不同点是既无"可以翻印"，也无"不可翻印"字样。有一个曲线画的方框，内有两条平行水纹线。藏本缺第一册。

提 要

印刷时间
不详

装帧品相
全 4 册（缺第 1 册） 平装
8 品

开本尺寸
128×181mm

版本来源
书友转让

购买年月
2008

参考时价
180 元

封面　　　　　　　　　　　　　版权页

《徐霞客游记》 藏本为新文化书社（上海福州路 272 弄 4 号）发行。这个本子与我收藏的其他该社的本子属一个纸型，其他变化较大。首先版权页有明显不同，删去了广告，没有出版时间，没有标点人（正文首页标明是莫厘樵子）。书社地址也有变化，其他本子是四马路中市，由于没有出版时间，不知孰前孰后，待考。版权页上还有"国学游记读本""实售国币□□□□"字样。这个版本的版权页舒朗大方，比该社其他版本的版权页看着舒服许多。封面设计也有趣味，双线边框内，除手书"徐霞客游记"及书社名称外，还有楷体"国学名著""游览奇书"字样。最引人入胜的是封面图案，圆窗前的书案旁，一位身着长衫、足下有踏脚的书生执笔欲书，案上除纸砚外还有花插，中有孔雀羽毛等饰物；窗外树影扶疏，有竹制窗帘半挂窗上。整个封面简洁，与本书版权页有异曲同工之妙，似出自一人之设计。

大达图书供应社

大达图书供应社
沈芝楠标点本·1

印刷时间
民国二十三年（1934）
三月再版

装帧品相
全2册 平装
7品

开本尺寸
130×185mm

版本来源
网店

提 要

《徐霞客游记》 标点者沈芝楠，校阅者胡协寅，藏本为大达图书供应社民国二十三年三月再版，洋装二册，定价2元。托售所为上海河南路广益书局总店、上海福州路广益书局支店。封面牛皮纸，单色黑印制，有"游记丛书之一"字样，封底有大达标识。版权页的一半篇幅介绍大达图书供应社出版的图书之优点，还有外埠函购简章等。从版权页不难看出，大达社是一家较小的出版机构。

上下册封面

大达图书供应社
沈芝楠标点本·2

印刷时间
民国二十四年（1935）四月

装帧品相
全2册 平装 8品

开本尺寸
130×185mm

版本来源
网店 七彩云南（昆明）

购买年月
2008.1.20

参考时价
160元（含10元邮费）

提 要

《徐霞客游记》 标点者沈芝楠，校阅者胡协寅，发行人周建人，藏本为大达图书供应社（**上海河南路137号**）的民国二十四年四月版，洋装二册，定价2元。与民国二十三年三月再版本的版权页不同的是，发行所不是托售广益书局了，而是明确在大达图书供应社本部总发行，分发行所为全国各大书坊。"版权所有 翻印必究"处设计得很新颖，以一架飞机为背景（参见本书第268页）。上册书尾有帆船图装饰。

国学整理社　世界书局

国学整理社出版
世界书局印行本

印刷时间
民国二十五年（1936）
一月初版

装帧品相
全1册　精装
9.5品

开本尺寸
135×190mm

版本来源
网拍
尘同居——老照片书店
（上海）

购买年月
2009.10.28

参考时价
425元（含5元邮费）

提 要

《徐霞客游记》 藏本为国学整理社出版、世界书局（上海大连湾路）印行，民国二十五年一月初版、印刷，无点校者。定价国币1.6元。该书除版权页上的出版者署为国学整理社，余下的地方包括书脊、扉页等都署世界书局印行。本书是我收藏的民国版《游记》中的3部精装本之一，另两本一是商务印书馆1928年11月丁文江编本，布面精装；还有一部也是商务印书馆出版的，时间是1933年6月，纸面精装。这个本子的特点是有一个护封，上面印有书名等，而硬封面上空无一字，只有书脊上印有书名及著者等。关于这个版本，我多年前就买过一个封面无字本，书贩还信誓旦旦地说就是这种风格。其实不然。后来看到这个版本，才恍然大悟。

本书有两面广告。之一在正文最后一页，推荐《郑

封面、书脊及封底

护封

板桥全集》，字号较大，版式落落大方。之二是封底，实为对《徐霞客游记》的解读，黑体大字，语曰"案头置此，如朝夕晤名山水于几席之间"。随后，宋体小字礼赞徐霞客之旅行："徐宏祖平生胼胝竭蹶，历数万里，冲风雨、触寒暑者垂三十年。其所记游迹，计日按程，凿凿有稽，文词繁委，要为道所亲历，不失质实详密之体，而形容物态、摹绘情景时，复雅丽自赏，足移人情。霞客之游山水也，章亥之所未经，郦道元之所未注，禹粮穆骏之所未历，卢遨昌寓之所未逢。而宏祖一襆一笠，乃饶为之。其升降于危崖绝壑，搜探于蛇龙窟宅，亘古人迹未到之区，不惜捐躯命，多方竭虑以赴之。如宏祖者，诚可以言游矣。"（**参见本书第 271 页右上图**）

文章中说的"章亥"，即大章和竖亥，古代传说中善走的人；郦道元自不必多说，其乃北魏地理学家、散文家，撰《水经注》；"禹粮穆骏""卢遨昌寓"，不知所指，待考。

该版本我先后买过 4 次，原因是一次比一次品相好。不过，对照其版权页，发现书商为了提价，采取涂墨水或贴纸条修改价格的法子。

本书品相很好，扉页有"张骥才印"，似私藏品。网拍时 100 元起拍，最小加幅 10 元，经 32 次出价，最后以 420 元胜出。本书在市面上时有出现，目前孔夫子旧书网上仍有几本待售，但大多数品相不尽如人意。

广益书局

广益书局
胡协寅校勘本·1

印刷时间
民国二十八年（1939）
一月再版

装帧品相
全2册 平装
8品

开本尺寸
125×177mm

版本来源
永昌书市（长春）

购买年月
2006.9.17

参考时价
300元

提 要

《徐霞客游记》 校勘者胡协寅，藏本为广益书局（上海福州路338号）民国二十八年一月再版，实价六角（在封底有竖排蓝色戳记"实价肆元陆角"字样）。总发行所位于上海福州路338号，分发行所位于广州、南京、南昌、汉口、重庆、长沙、北平、开封、万县、成都。从版权页上就能看出，广益书局是一家规模较大的出版机构。

民国二十八年一月再版及三十年七月再版均为彩色封面

两册的封面为彩色绘画作品，按每册的封底文字介绍，上册封面绘意为徐霞客游天台山，下册封面绘意为徐霞客游滇池。但下册封面所绘看不出是滇池，图是一个庭院的景色。上册有4幅白描图，分别是游天台石梁、庐山、嵩山及滇中鸡山，落款为"林直清绘"。

上册书首红色《附志》   封底

书首有红字《附志》一篇，观其内容，可从一个侧面了解到当时出版界之一斑。志词为：

方今文化日新，文学之范围日广，若古本说部诸书（指古代小说、笔记、杂著一类的书籍——本书著者），文意显明，流传既遍，因势利导，足以灌输社会，促进文化。故新旧说部，在今日文学界中，实为需要。惜乎一般刊本，字句舛误，绣像俗陋，且将内容删摘割裂，借此减缩篇幅，贬价出售，渔利竞争，诓骗读者，莫此为甚。本局深恨此种行为，愿以阐扬文化、提倡普及教育，为出版业之天职。故于刊行古本说部诸书，莫不整理精细，考究完整，实事求是，向为读者所赞许。本局以优美之书籍，取最低廉之代价，原为助导文化、推广流通。区区之忱，惟希公鉴！

提 要

印刷时间
民国三十年（1941）
七月再版

装帧品相
全2册 平装
7品

开本尺寸
125×177mm

版本来源
潘家园旧书市（北京）

购买年月
2006.4

参考时价
600元

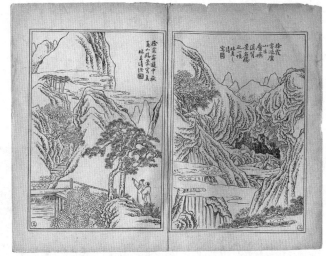

白描图之庐山、嵩山

《徐霞客游记》 校勘者胡协寅，藏本为广益书局民国三十年七月再版。总发行所位于上海河南路，分发行所位于上海福州路，外埠分店位于广州、南京、南昌、汉口、重庆、长沙、北平、开封、万县、成都。封底标识不同于民国二十八年（1939）一月再版时被印成红色，本书以蓝色印刷。

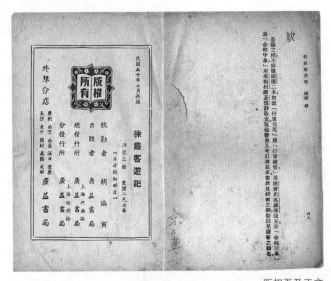

版权页及正文

上海启智书局

上海启智书局
版本·1

印刷时间
民国二十三年（1934）
五月三版

装帧品相
全4册 平装
8品

开本尺寸
130×188mm

版本来源
苏州文庙书摊（苏州）

购买年月
2006.7.1

参考时价
300元

提 要

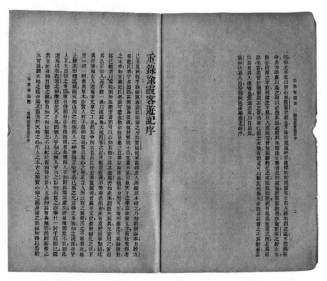

重录徐霞客游记序

《徐霞客游记》 藏本为上海启智书局（上海法大马路自来火街西高第里一号）民国二十三年五月三版，定价"大洋式元式角"（版权页写法）。牛皮纸封面上仅有竖排的3行字，从左至右分别是："新式标点"（宋体）、"徐霞客游记"（手书体）、"上海启智书局印行"（宋体）。我收藏的启智书局的几个版本，无一例外都没有扉页，有令人珍惜每一张纸的感觉；而封面用纸及印刷也很节俭。

本书购于苏州文庙书摊，要价400元，以300元成交。

封面

提 要

印刷时间
不详

装帧品相
全 4 册 平装
8 品

开本尺寸
130×187mm

版本来源
报国寺旧书市（北京）

购买年月
2008.7.24

参考时价
280 元

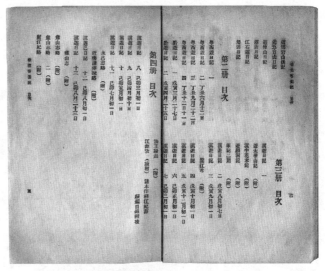

目次

　　《徐霞客游记》 藏本为上海启智书局出版，无版权页，印行时间不详。本色为蓝灰色的封面上的内容与另一藏本相同。正文亦同。封底有标识，似手绘，与另一藏本之标识风格迥异。这种无版权页、无校点者、封面几乎无设计的文本，让人感觉是在最大限度地把出版成本降下来。于收藏，仅仅是为了有这么一个版本而已。第 4 册的封底有书店戳，内夹一张上海旧书店发票（1964.3.1），4 册 1 元。每册封面有手签"骆浩波" 3 个字。

书内夹有 1964 年购书发票

封面

上海中华图书馆

上海中华图书馆版

印刷时间
不详

装帧品相
线装 石印 竹纸
（仅收藏第 1 册） 残本

开本尺寸
134×200mm

版本来源
网拍
bieguge 的书摊（无锡）

购买年月
2013.6.26

参考时价
110 元（含 15 元邮费）

提 要

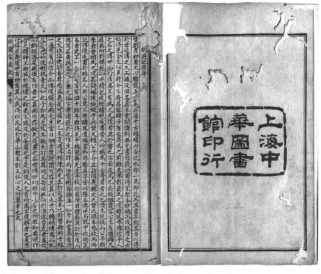

原序及牌记页

　　《徐霞客游记》 藏本为上海中华图书馆印行本
（仅藏第一册），石印本。这是一个残本，书首的
六七页被虫蛀。即便如此，该书的收藏价值还是独
具特色。藏本版框高一六六毫米，宽一〇九毫米，
文武边栏，半叶十六行，行三十六字。版心设计为
单黑鱼尾，黑口，上刻"徐霞客游记"书名、册数、
篇名（如黄山、嵩山等，便于读者翻阅），下刻叶数。

　　藏本中有 12 幅白描山水图，分别描绘了天台山、
雁荡山、武夷山、匡庐山、中岳嵩山、西岳华山、北
岳恒山、南岳衡山、大洪山、黄山、铜鼓山及玉案山
等名山胜水，每图都有题跋。其中黎平铜鼓山、随
州大洪山与《徐霞客游记》之内容无涉。据朱惠荣《徐
霞客与〈 徐霞客游记 〉》载，本书云南大学图书馆

封面

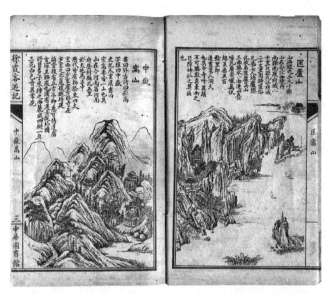

白描插图匡庐山及嵩山

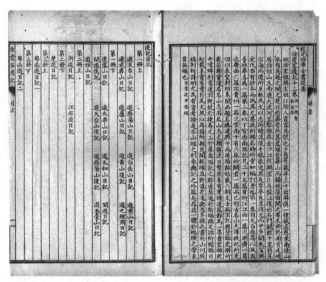

《四库全书提要》及目次页

有藏，目录显示为十册，每册分上下卷，实分为 8 册，合为一函。另据"高校古文献资源库"显示，该书应为一函 8 册（复旦大学有藏本，典藏号 505004）。该资源库显示，还有几所高校有藏本，仅注"民国"字样，均无具体出版时间，其中华师大藏有 6 册（典藏号 R40-10/6.393/C2）。从目前看到的资料推测，该版本没有明确标示出版时间。

第二章
新中国
（大陆部分）
版本
1980-2016

　　据了解，1949年到1979年的30年间，大陆没有出版过《徐霞客游记》（包括选本）。1980年，上海古籍出版社首开先河，推出褚绍唐和吴应寿整理本《徐霞客游记》。自此至今的36年间，按本书著者的收藏本统计，共有64家出版机构出版了124个版本（含放在民国版本中的丁文江编本）。收入本书的是49家出版机构出版的85个版本。一批学术大家为这一时期出版的《游记》出谋划策，包括谭其骧、侯仁之、任美锷、黄秉维、朱惠荣、李惠铨、徐公持、吴传钧、唐锡仁、羊春秋、臧维熙、江牧岳等。这期间，时任国家主席的李先念、时任国务院总理的温家宝、时任云南省委书记的普朝柱，为不同版本的《游记》或题词或写贺信或作序。5月19日，即徐霞客目前行世的首篇游记的时间，于2011年经国务院批准，成为中国旅游日。

上海古籍出版社

上海古籍出版社
褚绍唐、吴应寿
整理本·1

印刷时间

1980 年 11 月 1 版 1 印

装帧品相

全 3 册（含附图） 精装
9 品

开本尺寸

138×202 mm

版本来源

潘家园旧书市
（北京）

购买年月

2010.11.27

参考时价

850 元

提 要

封面

《徐霞客游记》 整理者褚绍唐、吴应寿，藏本为上海古籍出版社（上海瑞金二路 272 号）1980 年 11 月 1 版 1 印，责任编辑周宁霞，印数 1—2000 册，826000 字，1289 页，定价 10.25 元，从右到左繁体字直排。护封蓝色调云纹图案，封面白色漆布烫金书名，右下角有烫红"徐宏祖印"印章。附图为褚绍唐、刘思源编，刘思源绘，吴应寿校。书名题字沈雁冰。卷首有徐霞客画像、徐霞客手迹、季会明抄本及徐建极抄本手迹、徐霞客旅行路线图一幅。上下册均配有风光图片，上册 13 幅，下册 5 幅。

署名"上海古籍出版社"的前言达 13000 余字，写作者是该书的责任编辑周宁霞。北大教授侯仁之先生评价说，该前言是"介绍徐霞客生平业绩的各种写

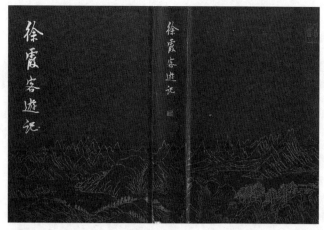

作中最系统、最全面的一篇，可以看到是前人研究
成果的一个总结"。江牧岳认为这篇《游记》前言"堪
称前人、前辈研究徐学集大成之作，且颇具创见"。
该前言全面阐述了《游记》的时代背景、文学价值、
科学成就、版本源流以及霞客的生平、家庭状况等。

上海古籍出版社出版的《徐霞客游记》，还有
一个特殊的时代背景值得记录。艾若先生在为周宁
霞著《徐霞客论稿》写的序中讲述了这样一个别有
一番滋味的故事："这要感谢 20 世纪 70 年代末上海
古籍出版社的一次机遇。这机遇说来稀奇古怪滑稽
可笑得不可思议。谁也不会想到出这套书是'文革'
期间的 1975 年'四人帮'要来'评法批儒'，说徐
霞客敢挑《禹贡》的错误，是个法家，有造反精神，
于是着令当时的上海人民出版社古籍编辑室赶快出
版，毋需参校其他版本，仅以商务印书馆本将旧式
断句改为新式标点，紧催发排。转眼 1976 年'四人
帮'倒台，'评法批儒'如泡如影。1977 年，'实
践是检验真理的唯一标准'在全民中讨论，出版《徐
霞客游记》开始有了正确宗旨。……主持校点重印的
责任，交给了周宁霞。"从此，周宁霞便与"千古奇人"
徐霞客、"千古奇书"《徐霞客游记》结下了不解

徐霞客像及版权页

之缘，曾数次踏勘徐霞客走过的路线，做了大量的核准地名等工作，为《游记》的再版提供了重要材料。并担任中国徐霞客研究会副秘书长，成为知名的徐霞客研究专家。

上海古籍出版社
褚绍唐、吴应寿
整理本·2

印刷时间
1980 年 11 月 1 版 1 印

装帧品相
全 3 册（含附图）平装
9.5 品

开本尺寸
138×202 mm

版本来源
网店 大中书店（上海）

购买年月
2010.7.17

参考时价
190 元（含邮费）

提 要

《徐霞客游记》整理者褚绍唐、吴应寿，藏本为上海古籍出版社 1980 年 11 月 1 版 1 印。本版除印数 1—8000 册、定价 7.70 元及平装外，余下的与精装同。

浙游路线图

**上海古籍出版社
褚绍唐、吴应寿
整理本·3**

印刷时间
1982 年 11 月 1 版 1 印

装帧品相
全 2 册 平装 9 品

开本尺寸
138×202 mm

版本来源
琉璃厂古籍书店（北京）

购买年月
2006.9.18

参考时价
60 元

提 要

《徐霞客游记》整理者褚绍唐、吴应寿，藏本为上海古籍出版社 1982 年 11 月 1 版 1 印，定价 4.9 元，从右到左繁体字直排。本版次印 38000 册，直到今日，其数量是上海古籍出版社《徐霞客游记》一印次印数最多的一版。

封面

**上海古籍出版社
褚绍唐、吴应寿
整理本·4**

印刷时间
1987 年 10 月 2 版 1 印

装帧品相
全 2 册 精装 10 品

开本尺寸
138×202 mm

版本来源
网店 淘乐斋（北京）

购买年月
2015.11.7

参考时价
188 元（含 8 元邮费）

提 要

《徐霞客游记》 整理者褚绍唐、吴应寿，藏本为上海古籍出版社 1980 年 11 月 1 版，1987 年 10 月 2 版（增订本），1987 年 10 月 1 印。印数 1-1000 册，866000 字，1366 页，定价 11.45 元，从右到左繁体字直排。封面灰色漆布烫金书名，右下角烫红色"徐宏祖印"印章。护封蓝色调，云纹图案，银色白描山水图。封面设计张苏予、王沙城。增加附录（计 62 页），内容为丁文江作《徐霞客年谱》。

《前言》之后是《再版说明》，仅有 1200 余字，但信息量充足，将自 1980 年以来的 7 年间围绕着徐霞客及其《徐霞客游记》新发现的有关诗文书牍、徐霞客的著述、徐的朋友们的题赠信函等一一列出并进

护封　　　　　　　　　　　　　　封面

行了简要的说明，告知读者这些新发现被一并收入这
版《游记》中，以供研究。再版说明中，还把几年来
在徐霞客研究中做了大量工作的单位记录在案，比
如中国科学院自然史研究所、华东师范大学地理系、
地质矿产部岩溶研究所、桂林市文联等——这些单
位都派出研究人员考察徐霞客游踪。还向一些对《徐
霞客游记》的出版给予帮助的人员致谢，包括杨文衡、
刘英、李惠铨、朱学稳等十余人。就本书责任编辑
的实地勘察，文中说："本书责任编辑在当地党、政、
文化部门的支持下，也曾赴广西、云南、贵州踏勘
徐霞客旅行路线，实地校核《游记》记述及有关地名。"
接着，作者举例一一说明。我以为，从这篇《再版说明》
的文风文笔看，当是周宁霞的作品。如果我没有猜
错的话，也恰恰是她这篇文章，使后人了解和记住
了上海古籍出版社出版的《徐霞客游记》，1980 年
1 版出版后，还有一批专家、学者在对《游记》做进
一步的校勘，这是不能被遗忘的，如吴应寿又以南
京图书馆藏善本最初的浑然抄本再次校雠。而周宁
霞是一位更应该受到表扬的所做工作超出责任范围
的责任编辑。周曾于 1983、1984 年三赴广西实地踏勘，
以求解决《游记》疑难较多的《粤西游》部分问题。

上海古籍出版社
褚绍唐、吴应寿
整理本·5

印刷时间
1987 年 10 月 2 版 1 印

装帧品相
全 2 册 平装
10 品

开本尺寸
138×202 mm

版本来源
网店
书事儿的书摊儿（北京）

购买年月
2014.12.16

参考时价
200 元

提 要

《徐霞客游记》 整理者褚绍唐、吴应寿，藏本为上海古籍出版社 1980 年 11 月 1 版，1987 年 10 月 2 版（增订本），1987 年 10 月 1 印。印数 1—5000 册，866000 字，1366 页，定价 9.45 元。从右到左繁体字直排。

本版《游记》我早有收藏，购买这个本子只因为随书有责任编辑周宁霞（已故）的信札一封。信件在版本研究中一般归类于稿本，稿本是书籍著作者的原始文本形态。就书信而言，如果有足够数量的话，又能够较为系统，形成一个主题，是可以以一部著作的面目行世的。而一两封抑或是十封八封，也就是一篇文章的材料而已。

2014 年 12 月的一天，我在孔夫子旧书网浏览，看到一家网上店铺陈列着《徐霞客游记》及信札的图片，打算买入。但看其 390 元的偏高标价，便与店家商量，最后以送他两本我的著作（签名本）、书价降为 200 元的条件成交。至于我为什么光看图片就断定周宁霞的书信为真呢？因为多年前，我曾经购买周宁霞寄与北京一个叫王晓云的人的七封信件，后把这些信的复印件寄给周宁霞的丈夫周晓，此信便成为引线。进而我对周晓做了采访，写成《倡导者与力行者的昔日情怀——由周宁霞七封旧札引发关于潘琪的访谈》一文，刊登在 2013 年 12 月第 27 辑《徐霞客研究》上。而本页信札的字体、用纸（上海古籍出版社信笺），均与我那一次获得的信件之字体、用纸一致。

这是周宁霞于 1988 年元月 31 日写就、2 月 2 日补充内容后寄给人民日报社余章瑞的一封信，大意是

平装本封面

说已经收到对方的书及信件。周说自己于 1987 年 12 月中旬到广西，1988 年元月下旬才返沪。就广西之行，周说："作为一个编辑，我不过是做了一点分内的事，不过是为了克尽厥职，突破了一点古籍编辑的旧框框。而且限于条件，还有大量问题有待进一步条分缕析，已经解决的几处，不过是刚刚起步而已。"

周宁霞曾于 1983、1984 年三赴广西实地踏勘，以求解决《游记》疑难较多的《粤西游》部分问题。其后她又抽时间前往云南、贵州考察。其中桂东南之行，对"霞客当年游历的主要山岩洞窟，我们多足涉身历，于这部分游记涉及的一百六十多处大小地名、河流，大都做了校核"。

书中夹的信函

上海古籍出版社
褚绍唐、吴应寿
整理本·6

提 要

印刷时间
1993 年 6 月 2 印

装帧品相
全 2 册 平装
10 品

开本尺寸
139 × 202 mm

版本来源
《徐霞客研究》主编黄实赠送

《徐霞客游记人名地名索引》封面

《徐霞客游记》扉页

《徐霞客游记》 整理者褚绍唐、吴应寿，藏本为上海古籍出版社 1980 年 11 月 1 版，1987 年 10 月 2 版（增订本），1993 年 6 月 2 印，印数 5001—8000 册，字数 866000，1366 页，定价 33.55 元，从右到左繁体字直排。封面设计张苏予、王沙城。

与本版《游记》同时出版的还有单行本《徐霞客游记人名地名索引》，冯菊年、萧琪编，周谷城题写书名。书首有谭其骧 1987 年 11 月 9 日所撰弁言。《索引》字数 237000，1993 年 6 月 1 版 1 印，印数 1000 册，定价 5.90 元，繁体横排，左翻（本版《游记》右翻）。

上海古籍出版社
四库全书影印本·1

印刷时间
1993 年 12 月 1 版 1 印

装帧品相
全 1 册 精装
9 品

开本尺寸
135×190 mm

版本来源
网店
65 书摊（西安）

购买年月
2015.3.27

参考时价
206 元（含 8 元邮费）

提 要

《游城南记》（外五种，含《徐霞客游记》）藏本为上海古籍出版社 1993 年 12 月 1 版 1 印，913 页，印数 500 册，定价 31.20 元，属"山川风情丛书"。该丛书"主要收录有关山水、古迹、帝京和中外游

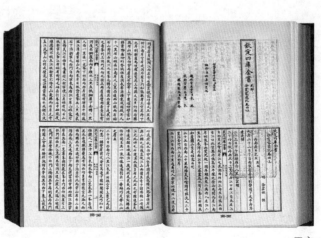

正文

《游城南记》封面
（含《徐霞客游记》）

记类的古代地理学著作，原书底本多据稀少的抄本、早期刊本和稿本整理而成，颇有价值。本书页码沿用原影印本文渊阁本《四库全书》页码，不作改动"。丛书还收录了《游城南记》《河朔访古记》《佛国记》《大唐西域记》《宣和奉使高丽图经》。

影印本是一种被广为采用的版本形态，本书作者在民国版本一章中对上海扫叶山房出版的《徐霞客游记大观》的介绍中已作了相关描述，在此不多赘言。针对本藏本和上海古籍出版社另一部影印《文渊阁四库全书》之《游记》，想谈谈缩印的问题。随着现代照相制版和印刷术的突飞猛进，以机制纸印刷的平装或精装书几乎统治了整个出版业，而按原尺寸影印书籍可谓凤毛麟角。现在大多数出版社都采取缩印本的方式印制古代书刊，即不管原书开本如何，一律印成出版社自己定的开本。本藏本即是这样的本子，将原是大开本的《游记》"浓缩"在32开本中，字小难辨，不便阅读。

更有采用拼页的影印方式，以期达到降低出版成本或缩小"大部头"丛书规模的目的。本藏本及上海古籍出版社的另一部影印版《文渊阁四库全书》（含《游记》），就是采用这种拼页方式出版的。所谓拼页，即把原书的两页分上下栏同排在一个页面上。当然，这种出版方式早已在许多大型影印丛书的出版中应用，比如中华书局影印版《四库全书总目》、商务印书馆影印版《十三经注疏》等。

本藏本经过拼页后的印刷数据如下：框高七十五毫米，宽四十九毫米，文武边栏，半叶八行，行二十一字；单鱼尾，白口，上刻"钦定四库全书"，中部刻"徐霞客游记"及卷次，下刻叶数。

上海古籍出版社
褚绍唐、吴应寿
整理本·7

提 要

印刷时间
1995年2月3印

装帧品相
全2册 平装
9品

开本尺寸
140×202 mm

版本来源
潘家园旧书市（北京）

购买年月
2009.7.4

参考时价
80元

《徐霞客游记》 整理者褚绍唐、吴应寿，藏本为上海古籍出版社1987年10月2版（增订本）1995年2月3印，印数8001—16000册，定价43.50元。

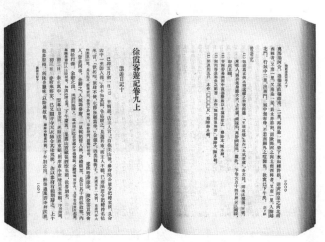

正文

上海古籍出版社
褚绍唐、吴应寿
整理本·8

提 要

印刷时间
1995年1印

装帧品相
全1册 精装
8品

开本尺寸
145×207 mm

版本来源
书友朱兴国赠送

《徐霞客游记》 整理者褚绍唐、吴应寿，藏本为上海古籍出版社1987年10月2版（增订本），1995年1印，印数1—1000册，866000字，1366页。从右到左繁体字直排。封面淡绿色，似与古籍版的书籍不协调。护封以古画为背景，以金色印徐霞客画像。

护封

**上海古籍出版社
褚绍唐、吴应寿
整理本·9**

印刷时间
1996 年 8 月 2 印

装帧品相
全 1 册 精装
8 品

开本尺寸
145×207 mm

版本来源
潘家园旧书市（北京）

购买年月
2006.12.2

参考时价
60 元

提 要

护封

《徐霞客游记》 整理者褚绍唐、吴应寿，藏本为上海古籍出版社 1987 年 10 月 2 版（**增订本**），1996 年 8 月 2 印，印数 1001—6000 册，定价 58 元。其余与一印同。

**上海古籍出版社
褚绍唐、吴应寿
整理本·10**

印刷时间
1997 年 5 月 3 印

装帧品相
全 1 册 精装 7.5 品

开本尺寸
145×207 mm

版本来源
徐霞客故居（江阴）

提 要

《徐霞客游记》 整理者褚绍唐、吴应寿，藏本为上海古籍出版社 1980 年 11 月第 1 版，1987 年 10 月第 2 版，1997 年 5 月第 3 次印刷，印数 6001-11000 册，866000 字，1366 页，定价 58 元。本书是我 1999 年 11 月 9 日从北京出发，骑自行车实施"中华知识产权世纪行"，于同年 12 月 21 日到达江苏省江阴市马镇徐霞客故居，在参观时购买的。尔后，这本《游记》伴着我行走后面的全部行程。就是在

购买年月
1999.12.21

参考时价
58 元

封面、书脊及封底

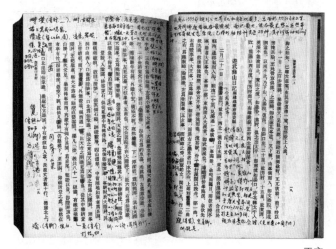

正文

环衬（盖有故居纪念戳）

徐霞客故居，我看到了徐霞客游历的路线图，决定待"世纪行"结束后"重走霞客路"。2002 年始，到 2013 年结束，我共出行 234 天，行程 69000 千米，沿着徐霞客的足迹考察，现已出版《跟着徐霞客去旅行 1》。这本《游记》一路风尘，伴我同行，目前已比较陈旧，书中勾勾画画无数，是我最最亲密的一本《徐霞客游记》。购买时，还在环衬上盖了"徐霞客纪念馆参观留念"长方形章。书的装订质量上乘，虽然大部分时间都是在路上，但没有一点松散的迹象，只是护封覆的薄膜起泡了。

**上海古籍出版社
黄珅选评本**

印刷时间

2003 年 12 月 1 版 1 印

装帧品相

全 1 册 平装 10 品

开本尺寸

140 × 203 mm

版本来源

网店 书客来书店（宿迁）

购买年月

2012.9.21

参考时价

14 元（含 5 元邮费）

提 要

《〈徐霞客游记〉选评》 撰者黄珅，上海古籍出版社 2003 年 12 月 1 版 1 印，298 页，199000 字，印数 4100 册，定价 18 元。属"新世纪古代历史经典读本"，书首有导读，收游记 34 篇。本书撰者黄珅还著有《新译徐霞客游记》(参见本书第 201 页)。

封面

**上海古籍出版社
褚绍唐、吴应寿
整理本·11**

印刷时间

2010 年 5 月 1 版 1 印

装帧品相

全 1 册 平装 10 品

开本尺寸

170 × 250 mm

版本来源

2010.6
《游记》责任编辑周宁霞之夫
周晓赠送

提 要

《徐霞客游记》 整理者褚绍唐、吴应寿，藏本为上海古籍出版社 2010 年 5 月 1 版 1 印，384 页，563000 字，印数 1—5300 册，定价 35 元。本书属留言本，也可称是赠送本。留言为：

自本版起前言署名周宁霞，友人戏言，此乃"拨乱反正"也。
特奉
瑞升先生览存。

周晓
二〇一〇年六月 上海

这本书是《游记》的责任编辑周宁霞的丈夫周晓寄送我的，留言在书首的环衬上。

据说，赠言本书籍在西方一直盛行。民国年间，我国一些受西方文化影响的作者，也模仿着在书首印或写上长短不一的献词或赠言，书首留言大概就是由此演变而来的。其实，在我国，长辈送给儿女、朋友之间互相赠送一本书，即使不是自己的著作，也会写上一段励志的话或一句诗词等。我有数部赠送本《游记》，比如丁文江编、由商务印书馆出版的1996年1月北京第二次印刷本，是2006年时任《徐霞客研究》主编的黄实先生赠送的；广陵书社2009年1月版《游记》，是时任无锡市徐霞客研究会秘书长的张炳德赠送的；还有商务印书馆民国十八年（1929）六月版刘虎如选注本，这是一个很难寻觅的1版1印版本，是多年的好友汪惟华从潘家园淘来后赠我的。

本书是上海古籍出版社出版的《徐霞客游记》中比较特殊的一个版本：1.横排简体字；2.仅收入游记部分，其余附编一律删除，使字数从866000字减到563000字；3.前言署名，首次将"上海古籍出版社"变更为"周宁霞"；4.正文中，首次把中国科学院自然科学史研究所杨文衡先生于1983年1月提出的8个错误，改正了7处；5.不同于以往的32开，这版为20开。

封面

周晓赠言页

上海古籍出版社
褚绍唐、吴应寿
整理本·12

印刷时间
2012 年 8 月 2 印

装帧品相
全 2 册 平装
10 品

开本尺寸
140×203 mm

版本来源
网店
思源书吧（无锡）

购买年月
2016.6.17

参考时价
69 元（含 11 元邮费）

提 要

封面

　　《徐霞客游记》 整理者褚绍唐、吴应寿，藏
本为上海古籍出版社 2012 年 8 月 2 印，印数 1301–
2300 册。

　　本封面设计的版本自 2011 年 11 月始出版，到
2014 年 10 月精、平装共计印刷 6 次，合计印数 6500
册。特此说明。

书首影印徐霞客手迹

上海古籍出版社
褚绍唐、吴应寿
整理本·13

提 要

印刷时间
2016 年 6 月 1 版 1 印

装帧品相
全 1 册 精装
10 品

开本尺寸
150×215 mm

版本来源
中关村图书大厦

购买年月
2016.11.1

参考时价
39.90 元

　　《徐霞客游记》 整理者褚绍唐、吴应寿，藏本为上海古籍出版社 2016 年 6 月 1 版 1 印， 573 页，434000 字，印数 1–4100 册，定价 42 元，属"国学典藏"丛书。这个版本沿袭该社 2010 年 5 月 1 版 1 印，有几个特点：1. 横排简体字；2. 仅收入游记部分，其余附编一律删除；3. 前言署名，第二次将"上海古籍出版社"变更为"周宁霞"；4. 第二次把中国科学院自然科学史研究所杨文衡先生于 1983 年 1 月提出的 8 个错误改正了 7 处；5. 32 开，2010 年 5 月版，20 开。

封面及腰封

上海古籍出版社
四库全书影印本·2

提 要

印刷时间
不详

装帧品相
全 1 册 精装 10 品

开本尺寸
135×190 mm

版本来源
网店 古月旧书店（上海）

购买年月
2009.12.27

参考时价
76 元（含邮费）

扉页

封面

环衬

《文渊阁四库全书》（影印本《徐霞客游记》在第 593 册内） 藏本为上海古籍出版社出版，无版权页，信息不全，913 页，无护封，封面为红色丝面印黑烫金字。影印内容与上海古籍出版社《游城南记》（外五种）相同（参见本书第 95 页）。本藏本属于影印本中以拼页方式出版的书籍。

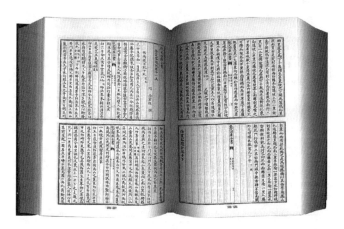

版式

上海古籍版《游记》究竟印了多少次

2006 年 11 月 10 日，我收到上海周晓先生的一封信。

瑞升先生：

九月大札早悉，因翻寻你需要的照片及两次外出，迟复为歉。

《徐霞客游记》古籍版（指上海古籍出版社——著者注）有以下印刷版本：1980 年精、平装三卷本，1982 年平装二卷本（淡颜色封面，此版印数最多，为 3.8 万册），1987 年平装二卷本（增订本），1997 年精装一卷本（我处藏本系 1997 年第三次印本，第一、二次何时印待查）。经向古籍出版社询问，据告仓库内现仅有少量 97 年一卷本，以前印刷均无存书。

……

周晓是上海古籍出版社出版的《徐霞客游记》（以下简称《游记》）一书的责任编辑周宁霞的丈夫（周宁霞于 2005 年 8 月 10 日病逝）。我曾在 2006 年 9 月寄信给他，请他帮助我寻购上海古籍出版社出版的《游记》。他在来信中还说，估计古籍出版社的资料室也未必收藏有全部版本。他之所以有较多版本，纯粹是因为周宁霞是《游记》的责任编辑。

从 1980 年 11 月《游记》1 版 1 印至今，上古版《游记》印了多少次，能说清的人大概不多。上古版的整理者之一褚绍唐在《〈徐霞客游记〉版本源流概述》中说："1995 年五版印行精装合订本，配附《旅游路线考察图集》，即成为目前最完整的游记版本……"（吕锡生主编：《徐霞客研究集成》，中国书籍出版社，2004 年，第 8 页）按此说法，上古版《游记》到 1995 年已有 5 个版本了。同是"5 版说"的记录还有："整理本于 1980 年初版印行后，曾引起国内学界的称许。此书于1982年再版，1987年三版时又增补了新发现……游记原分上下二册印行，于1995年五版时已合订成一册，为精装本。"（《徐霞客研究集成》第18页）

我曾在2007年将当时收集的9个版本的情况整理出一个明细表，寄给周晓先生。他在回信中写道："没想到您搜集到这么多古籍版《游记》版本，在徐学研究者中恐怕是绝无仅有的。为深入研究做准备，您的锲而不舍的精神令我感动。"他还告诉我："年初（指2007年——著者注）我建议再版《游记》，古籍社领导经研究已同意。……我已将您的来信复印给出版社，信上附表列《游记》历年印制情况。"

截至2016年12月，我共收藏上海古籍出版社版《游记》21个版本（全本）。据考，这21个版本即是该社出版《游记》全本的全部，其中19个是褚绍唐、吴应寿整理本。在这19个版本中，有两个简体横排本。

褚绍唐：必要记载的整理者

1976年1月，上海人民出版社计划重新出版《游记》，邀褚绍唐负责标点工作。计划标点本以1928年丁文江编的《游记》为底本。治学严谨的褚先生从华东师范大学图书馆借来徐镇的乾隆刊刻本、光绪瘦影山房刻本、杨名时精抄本、中华图书公司印本及"国学基本丛书"本等相互参照，发现几个本子互有差异，而且丁本还存在不少缺漏和误标。这时，《游记》的出版工作又移交给上海古籍出版社，由周宁霞担任责任编辑，出版社又邀请复旦大学历史地理研究所的吴应寿教授加盟。此时，复旦大学的谭其骧教授知道了这件事，主动提供自己收藏的徐霞客之孙徐建极的《游记》抄本。

徐建极抄本的现世，使隐身300多年的季会明抄本浮出水面，让上海古籍版《游记》的整理工作发生了历史性的转折，致使后来出版的《游记》在徐学研究领域里具有划时代的意义。

褚绍唐说，经过整理"发现季会明抄本较之乾隆本及丁文江本中的相应部分多出 14 万字"。(《徐霞客研究集成》第 6 页)两部珍贵的原始抄本的发现,为一部崭新的《游记》之问世奠定了底本基础。"即以季会明抄本和乾隆本为底本,参照徐建极抄本、陈泓抄本、杨名宁抄本(此本为杨名时两个抄本的综合)及其他各种刊本和抄本,增补缺漏,核正误字,重行用新式标点。"(出处同上,第 18 页)

4 个寒暑后的 1980 年 11 月,由褚绍唐、吴应寿整理的《游记》问世了。该本除增补附录部分外,还增印了 10 幅名山白描图、19 幅地貌照片,以及季会明和徐建极的两个抄本的书影,另附一册地图集。这是迄今为止最接近《游记》本来面貌的版本。

1980 年初版时的《附图》,是褚绍唐和刘思源根据丁文江所编《游记附图》修改的。由于当时没有条件实地踏勘,所以丁编本上的许多错误未作修正,不适应后来旅行者和研究者的需求。1983 年 4 月,纪念徐霞客诞辰 400 周年筹委会决定,将重新编制徐霞客旅行路线图纳入纪念计划,并委托褚绍唐担任主编。经过多家单位和相关研究者的努力,1991 年 2 月《徐霞客旅行路线考察图集》由中国地图出版社出版发行。《图集》真实地记录了目前已知的徐霞客行走的路线,为阅读、研究《游记》或"重走霞客路"提供了极大的帮助。

吴应寿先生在整理《游记》的过程中也是功不可没。

周宁霞:超出责任范围的责任编辑

不管是出版图书还是报纸,都会有一个"责任编辑"。"责任"顾名思义,就是应尽的职责及应该承担的过失;"编辑"在《现代汉语词典》上的解释为:"对资料或现成的作品进行整理、加工。"

周宁霞这位责任编辑对《游记》的编辑,却远远超出了上述的界定。然而,正是她这位超出责任范围的编辑,成就了一部具有里程碑意义的《游记》。《游记》也造就了周宁霞,使她从一名普通的编辑成为徐学研究领域的著名学者。

周宁霞对《游记》的贡献主要有以下 3 个方面。

一是搜集、整理、研究《游记》的各种版本。当周宁霞从谭其骧提供的《游记》残本上得悉一直被人们认为早已湮没的最接近《游记》原稿的季会明本有可能尚存世间后，便向全国各大图书馆发函征询。当得知北京图书馆藏有一部季抄本后，她立即北上京城。在北京图书馆，周宁霞和吴应寿看到了徐霞客家的塾师季会明的抄本 1—5 册。"虽说也是残本（存浙游、江右游、楚游、粤西游日记），但内容与谭其骧提供的本子基本衔接。经校雠，此本内容较乾隆本相应部分远为详尽，游记多 156 天，内容多三分之二。"（朱钧侃等主编：《徐学概论》，江苏教育出版社，1999 年，第 229 页）

周宁霞在谈到两部珍贵抄本发现的经过时说："首先，谭其骧先生的无私襄助，为两个早期抄本的发现，提供了第一个、也是最关键的线索。……正是这个抄本首册封面上邓之诚先生的题识'《徐霞客游记》季会明原本。此书存六、八、九、十凡六册（九、十分上下），其七原厥。一至五册昔在刘翰怡家，若得合并，信天壤间第一珍本也'启示我们……经多方调查，在北京图书馆、文物出版社等单位和张政烺先生的大力协助下，我们很快找到了季会明抄本，并作出了鉴定。"（周宁霞：《论徐霞客和他的游记》，载周宁霞著《徐霞客论稿》，上海古籍出版社，2004 年，第 19 页）徐建极抄本和季会明抄本的发现，为《游记》恢复到最初形态带来了希望。她对季会明抄本进行了深入的研究，周的《〈徐霞客游记〉原始抄本的发现与探讨》就是对这一时期研究成果的全面总结。

二是为《游记》撰写了一篇 13000 余字的前言，出版时署名"上海古籍出版社"。翻开凝聚着周宁霞 20 年心血的结晶——《徐霞客论稿》一书，首篇就是《游记》的前言，说明这篇论文在周心目中的分量。前言全面阐述了《游记》的时代背景、文学价值、科学成就、版本源流以及霞客生平、家庭状况等。

三是重走霞客路。"山路崎岖。峭壁、深渊你依我傍，几无通道。寻山的人们紧贴崖壁，不时拨开挡住视线、钩拽衣裤的猫儿草，举步维艰……山石嶙峋。崩崖、巉岩狞牙厉齿，虎视眈眈。探洞的人们大汗淋漓，探寻着可以着足的山石、可以援手的树枝，奋力攀登……"

这是周宁霞为刘英著《踏着徐霞客的足迹》一书所写序的开场白。刘英曾陪同周勘察了霞客当年走过的桂东南和桂西南。通过这段描述，我们可以看到他们重走霞客路的艰辛。

1980 年《游记》整理本问世后，受到各界的好评，但周的心中存在着一丝愧疚和不安。原来，在《游记》的校勘过程中，出现了一些地名脱漏、文句不通的状况，有些内容季抄本与通行本又有出入。这些问题无他本可校，只有实地核查才可能解决。按照出版社传统的工作方式，解决上述问题是作者或署名整理、校点者的事情。但由于两位整理者年事已高，周萌生了自己走一趟的想法："这想法一旦出现，就顽固地盘桓脑际，挥之不去，还'日长夜大'。归结一点，即 300 年前徐霞客能做到的，20 世纪 80 年代的编辑却做不到，岂不愧对先贤，愧对后人？！"（周宁霞：《怀刘英》，载《徐霞客论稿》，第 279 页）

勘察成果是丰硕的。《踏勘徐霞客桂东南游程》和《踏勘徐霞客桂西南游程》两篇论文的面世，使人们不仅仅对徐霞客当年的考察有了感性的了解，也对周宁霞产生了由衷的敬意。周在实地踏勘中解决的文字句读及地名上的错讹，为《游记》增订版提供了大量的正确材料。

前言：徐学"入门必读"

原中国徐霞客研究会执行会长、中国日报社社长、全国记协书记处书记江牧岳在为周宁霞著《徐霞客论稿》所作的序中说："这部《游记》的前言尤其引起大家的注目，甚至成了大家学习《游记》的'入门必读'。这篇前言不仅对《游记》的时代背景、徐霞客的家庭出身及出游经历作了概要介绍，而且对《游记》的科学价值和版本源流以及徐霞客野外考察的求实求真的科学态度和科学精神作了精辟的论述。文章明快洒脱，清新流畅，使人不经意间获得了有关徐霞客及其《游记》的基础知识，在多方面给人以启迪，堪称前人、前辈研究徐学的集大成之作，且颇具创见。"（江牧岳：《徐霞客论稿》序，第1页）

江牧岳接着写道："大家猜测，此文作者当是一位学养甚高的老专家。及至后来，当大家知道前言作者即《游记》的责任编辑周宁霞，而周宁霞同志原来是一位温文淑雅又有几分书卷气的女同志，撰写前言时不过40多岁，不禁大感意外。"（出处同上）

侯仁之院士称誉周宁霞撰《游记》前言为："是已发表的介绍徐霞客生平业绩的各种写作中最系统、最全面的一篇，可以看作是前人研究成果的一个总结。"（《徐霞客研究古今集成》，第144页）

周宁霞撰写的前言由4个部分组成，全面介绍了《游记》的时代背景、文学价值、科学成就、版本源流以及霞客的生平、家庭状况等。

第一部分，介绍徐霞客所生活的16世纪末到17世纪初。这50多年间，中国正处于商品经济发达和资本主义萌芽产生的特殊阶段。周宁霞指出，在这个时期，"徐霞客的家乡江阴是当时对内对外贸易的重要港口，商业、手工业尤其发达。生产的发展要求思想的解放，重试验、重考察的科学精神，开始兴起。先进的人们纷纷从各自不同的方向，探索着物质世界的奥秘"（《徐霞客论稿》，第2页）接着周宁霞列举了李时珍、王夫之的观点和思想，得出"人们对物质世界的认识，逐渐深化"的结论。处于这一时代的徐霞客，在应试失败后，义无反顾地"问奇于名山大川"。同时，家庭给予他的影响也是不可忽略的。亲自为徐霞客缝制"远游冠"的徐母说："志在四方，男子事也。"（陈函辉：《徐霞客墓志铭》，引自《徐霞客游记校注》，云南人民出版社，1985年，第1236页）周宁霞认为徐霞客的成功源于"时代的召唤，家庭的支持，加上他坚忍不拔、锲而不舍追求真理的实践精神"。（《徐霞客论稿》，第4页）徐

　　　　　　　　徐霞客游记书影

霞客的实践"开辟了我国地理学上实地考察自然，系统地观察、描述自然的新方向"。

第二部分，周宁霞通过大量的事例介绍了徐霞客探寻山川岩壑的奥秘。她赞扬徐霞客爬山望险而趋、必登群峰之巅，探洞觅奥而逐、务达幽穴之邃，经过长期、广泛、深入的实地踏勘，为后人留下了一份弥足珍贵的文化遗产。

在这一部分的最后，周宁霞将中国历史上几位著名的旅行家，即张骞、郑和、法显、玄奘，与徐霞客进行比较，对徐霞客及其游记的历史地位作出了一个客观的评价："不出于任何政治的、宗教的企图，没有政府的资助，纯粹以考察自然为目的，毕生从事旅行事业的，徐霞客为亘古第一人。在我国史籍中，地理学著述也颇为丰富，但侧重于疆域、沿革、山川、物产记述的居多，而对地貌作系统考察，对岩石、水文、植物、气候等作多方面观察记录，开创了实地观察自然、系统地描述自然的新方向的，徐霞客也是第一人。这是他超越前人和同时代人的杰出之处，也是《游记》突出的科学价值所在。"（《徐霞客论稿》，第12页）

第三部分，周宁霞着重从文学的角度介绍了《游记》的价值。"《游记》既是科学著作，也是一部名副其实的文学游记。"周宁霞认为，徐霞客的《游记》"旅游之专，行程之长，篇幅之巨和内容之丰富多彩"，是柳宗元的《永州八记》、范成大的《石湖居士骖鸾录》和陆游的《入蜀记》无法相比的。周宁霞认为《游记》的独特风格是"真"。她说："唯其不假矫饰，它秉笔直书，以大量质朴的记述保存了一系列科学的、历史的资料；唯其不事雕琢，它真实地、多方面地反映了徐霞客的精神风貌。"（《徐霞客论稿》，第15页）

第四部分是古籍整理中需要交代的一些内容，即《游记》的版本源流，特别介绍了谭其骧先生无私襄助《游记》珍本的经过，以及在北京图书馆发现季会明抄本的过程等。

广西人民出版社

**广西人民出版社
许凌云、张家璠
注译本**

印刷时间

1982 年 1 版 1 印

装帧品相

全 1 册 平装
8 品

开本尺寸

130×184 mm

版本来源

潘家园旧书市（北京）

购买年月

2011.7.23

参考时价

5 元

提 要

《徐霞客桂林山水游记》 注译者许凌云、张家璠，藏本为广西人民出版社（南宁市河堤路 14 号）1982 年 1 版 1 印，163 页，111000 字，印数 12700 册，定价 0.46 元。本书是从《徐霞客游记》中摘录的有关游览桂林、兴安和阳朔的全部日记，重新编目，进行注释和翻译。徐霞客桂林山水游记不仅是忠实描述桂林岩溶地貌特征的科学文献，而且也是艺术性极高的文学杰作。

本书编者为了读者的阅读方便，把徐霞客在桂林一个多月的游记按地点分为 4 个部分，冠以标题，即：畅游兴安、遍游桂林、阳朔之行、再游桂林。每篇游记列以月日，选出其主要游览的对象或事情作为标题，使读者一目了然。

封面

中国旅游出版社

中国旅游出版社
徐兆奎注释本

印刷时间
1985年2月1版1印

装帧品相
全1册 平装
7品

开本尺寸
140×200 mm

版本来源
潘家园旧书市（北京）

购买年月
2011.7.23

参考时价
5元

提 要

插图

《徐霞客名山游记选注》 注释者徐兆奎，藏本为中国旅游出版社（北京东长安街6号）1985年2月1版1印，220页，200000字，印数21500册，定价1.40元，责任编辑纪流、袁玮。书首有前言，从4个方面介绍了徐霞客及其《游记》。正文选取13处名山的游记，每篇由原文、注释、按语及一幅焦墨插图构成。注释详尽，每篇都在一百三四十条左右，看得出注释者的认真态度。就笔者过眼的百十多部《游记》，能望其项背者凤毛麟角。从焦墨插图来看，绘者一定仔细阅读过原著或到过不少书中记述的风景名山，每幅图画都能找到相应的景观。封面设计张松龄，插图赵准旺。

封面

云南人民出版社

**云南人民出版社
朱惠荣校注本·1**

印刷时间
1985 年 6 月 1 版 1 印

装帧品相
全 2 册 平装
10 品

开本尺寸
140 × 200 mm

版本来源
潘家园旧书市（北京）

购买年月
2006.12.24

参考时价
80 元

提 要

平装本上下册封面

《徐霞客游记校注》 校注者朱惠荣，藏本为云南人民出版社（昆明市书林街 100 号）1985 年 6 月 1 版 1 印，1323 页，字数 976000，印数 1-10000 册，定价 7.90 元，责任编辑李惠铨。书首有前言，无署名。有徐霞客像、手迹，季会明整理本等，另有故居、胜水桥、墓碑等 6 幅照片。书尾有朱惠荣 1983 年作的后记，谈从 1977 年春接受云南人民出版社约稿，工作 6 个寒暑，终于全部完稿。他感谢各方人士和单位的支持，说："这样浩大的工程，绝非我个人能力所及，而是浸润了许多同志的心血。"书名题字谭其骧，封面设计贾国中。

提 要

《徐霞客游记校注》藏本为云南人民出版社 1993 年 12 月 2 印 (1985 年 6 月 1 版)，精装，印数 10001-15000 册，定价 26.50 元。

印刷时间
1993 年 12 月 2 印

装帧品相
全 2 册 精装 9 品

开本尺寸
145×205 mm

版本来源
网店
老昆明旧书店（昆明）

购买年月
2006.12.8

参考时价
35 元（含 5 元邮费）

护封　　　　　　　版权页

提 要

《徐霞客游记校注》藏本为云南人民出版社 1993 年 12 月 2 印 (1985 年 6 月 1 版)，平装，印数 10001-15000 册，定价 23.5 元。

印刷时间
1993 年 12 月 2 印

装帧品相
全 2 册 平装 9 品

开本尺寸
145×205 mm

版本来源
地坛书市（北京）

购买年月
2010.12.3

参考时价
30 元

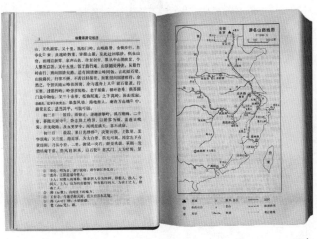

正文

云南人民出版社卢永康、禹志云校注本

印刷时间
1997 年 10 月 1 版 1 印

装帧品相
全 1 册 平装
9 品

开本尺寸
140 × 200 mm

版本来源
网店 兰兰书店（昆明）

购买年月
2014.7.30

参考时价
11 元（含 6 元邮费）

提 要

封面及封底

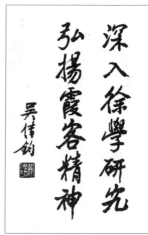

题词

《徐霞客散文校注》校注者卢永康、禹志云，藏本为云南人民出版社 1997 年 10 月 1 版 1 印，120 页，100000 字，印数 1000 册，定价 6 元。卷首有吴传钧题词："深入徐学研究，弘扬霞客精神。"江牧岳题词："基础研究是徐学研究的基础。"朱惠荣 1997 年 8 月作序文。

云南人民出版社
朱惠荣校注本·4

印刷时间
1999 年 4 月 3 印

装帧品相
全 2 册 精装
10 品

开本尺寸
145×205 mm

版本来源
昆明朋友陈社明代购

购买年月
2003.9

参考时价
65.8 元

提 要

封面

　　《徐霞客游记校注》（增订本）　校注者朱惠荣，藏本为云南人民出版社 1999 年 4 月 3 印（1985 年 6 月 1 版），1382 页，1029000 字，印数 15001−23000 册，定价 65.8 元。本印次前有中国徐霞客研究会名誉会长普朝柱于 1994 年 5 月作的《重印序》。普在 1985 至 1995 年担任中共云南省委书记。

　　普朝柱在《重印序》中说，《徐霞客游记》中约有十分之四、近 25 万字的内容，是徐霞客游历云南并进行调查研究的记录。其中记述了他游历今曲靖、昆明、弥勒、石屏、开远、元谋、大姚、姚安、宾川、鹤庆、丽江、洱源、大理、保山、腾冲、凤庆、昌宁、巍山等 30 多个市县的所见所闻，以及许多至今尚不为人所熟知的风景名胜、独特的地方物产、民族风情等。这不仅为学者研究明代云南的社会历史文化状况保存了珍贵的史料，也为我们从历史角度了解云南、认识云南，从而更好地开发和建设云南，提供了很有用的史料和线索。

书首图片

書首圖片

普朝柱作重印序

普朝柱认为，《徐霞客游记》熔自然科学和社会科学于一炉，内容十分丰富。他建议有一定阅读能力的同志，尤其是各级党政领导干部，抽点时间认真地读一读这部书。除了可以学到许多自然、地理、人文、民俗等方面的知识外，更重要的是要学习徐霞客重视调研、勤于实践的优良品质，大兴深入实际调查研究之风。

最后，他赞扬云南大学教授朱惠荣同志整理的《徐霞客游记校注》，是一个既有学术造诣又通俗易懂的好本子。

本书结尾有朱惠荣1998年2月10日所作《增订本跋》。他指出："《徐霞客游记校注》出版后，我对《游记》的整理和研究并未稍辍。"文渊阁《四库全书》影印本出版后，有条件用《四库全书》所收的《徐霞客游记》进行对校，得以增补、订正其他版本脱漏和讹误的内容，解决了一些长期无法弄清的问题，有助于深入了解徐霞客在旅途中的生活和思想。近年来学术界搜集徐霞客佚诗、佚文的工作也有进展，《致陈继儒书》《宿妙峰山》《山中逸趣跋》等诗文相继被发现，同时还发现了一批有关徐霞客的诗文、书信及徐霞客家世的资料，这些都有助于研究徐霞客和《徐霞客游记》，作为补遗，一并附后。《青山堂法帖》的出版，为深入校核石刻创造了条件。

从上述文字可以看出，本版增添了不少新的内容。就版次而言，似应在封面明显的位置注明"增订本"字样。封面蓝色漆布，护封墨绿色，设计贾国中。扉页题签谭其骧。非常珍贵的是书首几幅图片中的罗汉松、胜水桥及霞客墓碑等3幅，是上个世纪七八十年代的旧照，摄影者刘正泉、沈剑清。

江苏古籍出版社

江苏古籍出版社
臧维熙选注本

印刷时间
1985 年 7 月 1 版 1 印

装帧品相
全 1 册 平装
10 品

开本尺寸
130×185 mm

版本来源
网店
艺轩书店（南京）

购买年月
2014.7.18

参考时价
8 元（含 5 元邮费）

提 要

《徐霞客游记选》 选注者臧维熙，藏本为江苏古籍出版社 1985 年 7 月 1 版 1 印，311 页，印数 24640 册，定价 1.88 元。

本书收入 23 篇游记，卷首有选注者臧维熙撰写的 8000 余字的前言，较为全面地介绍了徐霞客的一生，也从地理学、文学等诸方面评价了《徐霞客游记》的价值。

本选注本的特色是明显的。第一，所选段落尽量照顾结构的完整和内容的衔接，各自成篇的名山游记自不必说，对于楚游、粤西游及滇游，选注者均作了仔细的摘选。第二，为便于读者把握徐霞客的游踪和所描述的风景特点，每篇都标出四字小题，并在题下列出游程路线。例如嵩山游记，选注者以 5 个小标题概括了徐霞客嵩山旅行线路上的景观特色：岳麓风光、嵩高登览、古柏雄碑、礼佛少林及达摩面壁。每个小标题下又以地名细分出游程线路，比如岳麓风光题目下是郑州－密县－天仙院－耿店－石淙河－告成镇测景台－卢岩寺－岳庙。第三，关于注文，除一般的注释外，还对各风景区的景观作了扼要的介绍，以增强读者对所写风景的感性认识。第四，有选择地征引了前人的山水诗词和散文，以丰富注文的山水文学内容。封面设计李贤。

封面

上海教育出版社

上海教育出版社
陈茂材注译本

印刷时间
1986年7月2印

装帧品相
全1册 平装
9品

开本尺寸
130×182 mm

版本来源
网店
开阳书店（北京）

购买年月
2015.7.10

参考时价
8元（含5元邮费）

提 要

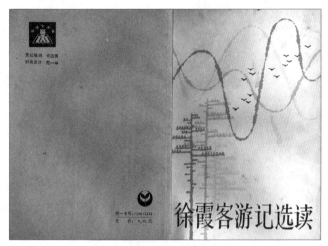

封底及封面

《徐霞客游记选读》 注译者陈茂材，藏本为上海教育出版社（上海永福路123号）1986年7月2印(1985年11月1版)，121页，81000字，印数12401—52400册，定价0.45元。属"中学生文库"丛书。封面设计范一辛。

巴蜀书社

巴蜀书社
周晓薇译注本

印刷时间
1991 年 10 月 1 版 1 印

装帧品相
全 1 册 平装 9 品

开本尺寸
114×185 mm

版本来源
网店 伊瑶书屋（北京）

购买年月
2015.8.10

参考时价
8 元（含 5 元邮费）

提 要

《徐霞客游记选译》译注者周晓薇等，藏本为巴蜀书社 1991 年 10 月 1 版 1 印，属"古代文史名著选译丛书"，字数 138 千，印数 1-20000 册，定价 140 元（50 种）。责任编辑谭晓红，封面题签启功，插图张大维。

封面

巴蜀书社
吴应寿导读本

印刷时间
1993 年 3 月 2 印

装帧品相
全 1 册 平装 10 品

开本尺寸
135×201 mm

版本来源
琉璃厂中国书店（北京）

购买年月
1995.10

参考时价
7.20 元

提 要

《徐霞客游记导读》吴应寿著，藏本为巴蜀书社 1993 年 3 月 2 印，1988 年 11 月第 1 版，字数 240 千，印数 2691-8640 册，定价 7.20 元，责任编辑梅锦辉。

封面

中州古籍出版社

中州古籍出版社
据 1933 年
商务印书馆版影印本

印刷时间

1997 年 4 月 2 印

装帧品相

全 1 册 精装
9 品

开本尺寸

135×190 mm

版本来源

潘家园旧书市（北京）

购买年月

2006.12.2

参考时价

60 元

提 要

封面、书脊及封底

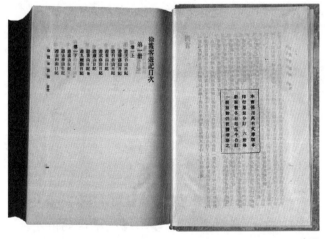

目次页

　　《徐霞客游记》 藏本为中州古籍出版社 1997
年 4 月 2 印，除印数为 3001-11070 册、书脊为蓝色（1
印书脊为橘色）外，其余与 1992 年 12 月初版 1 印相同。

成都出版社

**成都出版社
唐云校注本**

印刷时间
1995 年 8 月 1 版

装帧品相
全 2 册 平装
9 品

开本尺寸
140×200 mm

版本来源
潘家园旧书市（北京）

购买年月
2006.12.24

参考时价
90 元

提 要

环衬

封面

　　《徐霞客游记》 校注者唐云，藏本为成都出版社 1995 年 8 月 1 版，808 页，字数 765.3 千，印数 1-20000 册，定价 29.80 元。书首有唐云代序《穷山水精奥，显旷世才情》。作者认为，《游记》具有 4 个独特之处，且一一举例说明。其一，徐霞客的游历和记述都力求全面。其二，在全面把握的基础上，追求奇、险、绝。其三，观察细致，记录及时，描绘准确。其四，徐霞客非常关心旅游资源的开发和保护。作者认为《游记》还有两方面的重要内容值得记录，一是丰富的地学知识，二是对社会历史的广泛描摹。该书每篇篇首均有导读。责任编辑鄢玉兰，封面设计倪泰一。

海天出版社

**海天出版社
方员校点本**

印刷时间
1996 年 7 月 1 版 1 印

装帧品相
全 1 册 平装
8 品

开本尺寸
138×201 mm

版本来源
护国寺旧书市（北京）

购买年月
2008.7.24

参考时价
20 元

提 要

封底、书脊及封面

版权页

　　《徐霞客游记》 校点者方员，藏本为海天出版社 1996 年 7 月 1 版 1 印，644 页，字数 600 千，印数 1—8000 册，定价 24 元，责任编辑刘东力。本书编者在卷首刊出吴江潘次耕序及丁文江《重印徐霞客游记及新著年谱序》。书尾有丁文江作《徐霞客先生年谱》。全书无注释。封面为一主一仆行于水岸。封面设计陈新。

团结出版社

团结出版社
彭光宇点校本·1

印刷时间
1996年12月1版1印

装帧品相
全1册 精装
10品

开本尺寸
145×210 mm

版本来源
潘家园旧书市（北京）

购买年月
2006.12.2

参考时价
60元

提 要

护封

连为一体的环衬和扉页

封面

　　《徐霞客游记》 点校者彭光宇，藏本为团结出版社（北京市东城区东皇城根南街84号）1996年12月1版1印，715页，字数62万，印数1-5000册，定价31.80元，属"中华传世经典"丛书。书首有前言，介绍徐霞客其人其书，全书无注无释。装帧设计廖铁。

团结出版社
彭光宇点校本·2

印刷时间
2002 年 1 月 1 版 1 印

装帧品相
全 1 册 平装
10 品

开本尺寸
138×202 mm

版本来源
西单图书大厦（北京）

购买年月
2005.1.11

参考时价
20 元

提 要

《徐霞客游记》 点校者彭光宇，藏本为团结出版社 2002 年 1 月 1 版 1 印，713 页，620 千字，定价 20 元。版权页的编目数据与 1996 年 12 月初版（精装）本相同。书首有约 2000 字的前言，简述徐霞客身世及其作品，称《徐霞客游记》是一部综风景导游、科学考察、文学描写、历史实录于一体的"奇书"，无款。封面为纯白色卡纸，书名等所有文字印银。护封彩色国画，古人行旅图。环衬跨页"出血"蓝灰色铺底，印银色仕女图及圆形双龙纹样。

护封

团结出版社
芜铭整理本

印刷时间
不详

装帧品相
全 1 册 精装 9 品

开本尺寸
150×210 mm

版本来源
潘家园旧书市（北京）

购买年月
2011.12.3

参考时价
35 元

提 要

《四库全书精品文存》（第 26 卷内含《徐霞客游记》） 整理者芜铭，藏本为团结出版社出版，733 页，无版权页。

封面

贵州人民出版社

贵州人民出版社
朱惠荣等译注本·1

提 要

印刷时间
1997 年 4 月 1 版 1 印

装帧品相
全 4 册 精装 10 品

开本尺寸
145×210 mm

版本来源
贵阳朋友王华明代购

购买年月
2004

参考时价
106 元

护封

封面

《徐霞客游记全译》 译注者朱惠荣等，藏本为贵州人民出版社（贵阳市中华北路 289 号）1997 年 4 月 1 版 1 印，2620 页，字数 2079 千，印数 1—5000 册，定价 106 元，属"中国历代名著全译丛书"。卷首有译注者朱惠荣于 1994 年 7 月撰写的长篇前言，论述了《徐霞客游记》是导游手册、地学百科全书、历史实录、文学名著，并介绍了版本情况。封面灰蓝色，烫银书名及标识，庄重素雅。护封白色，书名等为棕色，封面中央有国画石梁飞瀑，整体清朗。扉页为豆绿色，似欠协调。封面设计石俊生，版式设计祖明。

贵州人民出版社
朱惠荣等译注本·2

印刷时间
2008 年 9 月 1 版 1 印

装帧品相
全 4 册 平装 10 品

开本尺寸
160×230 mm

版本来源
甜水园图书批发市场
（北京）

购买年月
2009.7.19

参考时价
139 元

提 要

正文

封面

《徐霞客游记全译》 译注者朱惠荣等，藏本为贵州人民出版社 2008 年 9 月 1 版 1 印，1950 页，字数 1844 千，印数 1-3000 册，定价 185 元，属"中国历代名著全译丛书"。封面有"修订版"字样，卷首有《再版说明》。前言仍沿用 1997 年 4 月版朱惠荣撰写的前言。封面灰色，有汉瓦当及古代器物的拓片图案饰之。装帧设计余强。

专 文　　　**朱惠荣撰《校注》本、《全译》本前言**

　　朱惠荣教授的《徐霞客游记校注》和《徐霞客游记全译》的前言，内容基本一致。

　　朱惠荣撰写的前言开宗明义，高度赞颂徐霞客的一生。他认为，徐霞客的旅行"没有任何政治和宗教的目的，只是出于对祖国山河强烈的热爱，以地理研究为己任，毕生从事旅行考察。他是我国古代难得的专业旅行家"。

接着，朱惠荣细说徐霞客在没有国家派遣及资助、穷其一生致力于旅游考察事业时条件的艰苦："有时靠变卖家产、沿途求友告贷来解决游资；有时身无半文，被迫卖掉衣服，才换得一顿饱饭。在江南各省以船行为主，在广西亦间骑马或乘滑竿，在云南、贵州等山岭重叠、条件最艰苦的地区，几乎全是步行。他住破屋顶寒风，卧石洞受蚊叮虫咬，甚至在人迹罕至的森林里风餐露宿。他跋山涉水，求源探尾，日夜兼程，踏泥泞，下溶洞，滑陡坡，跌深潭，三次被盗，多次绝粮。艰苦生活丝毫没有动摇他的意志。"

朱惠荣介绍说："我国古代类书、丛书不计，作为单一的著作，没有第二部书涉及如此广阔的科学领域，包括了如此丰富的科学内容，具有多方面的科学价值。这正是我们认为有必要向广大读者介绍的。" 在这篇一万六千余字的前言中，朱惠荣从5个方面热情讴歌和赞颂《徐霞客游记》是我国古代文化宝库中闪光的瑰宝。

第一方面，《徐霞客游记》是导游手册。朱惠荣认为："导游手册最好是著名旅行家的亲身经历，有对各个景区、景点的权威介绍和评价，让后来的游人了解该地的风景特点和景观价值，正确引导人们选择旅游目的地，并能在特殊的角度、特殊的季节和时间欣赏到最佳的景观效果。"

朱惠荣说："《徐霞客游记》也远远超过地方志中对风景名胜的目录式的枯燥罗列。它对每个风景区的位置特点、各风景点的分布、地形变化、交通路线、游程安排等皆有记录，既引人入胜，又真实可靠，便于后人踵其步畅游。它不仅导游风景名胜，还给读者提供有关的历史背景、文物古迹、传说故事、风情习俗等情况，内容充实丰富。"

朱惠荣分析说："徐霞客健于旅游,也善于旅游。……在一组风景中,也力求游遍每个部分。有时走错了路,又累又饿，但毫不悔恨，反为意外发现新景而庆幸。凡遇漏游的地方，必千方百计创造条件补游。匆匆走过的地方，总设法重游，必尽兴方罢。很多名山的姿色常因时间、气候而变换，他总是反复体察欣赏，选择不同的季节，三游四游。有时白天刚游完一遍，晚上皓月当空，又兴冲冲地奔上山头。'余谓游不必骑，亦不必同，惟指示之功，胜于追逐。余之欲行者，正恐其同；其不欲同者，正虑其骑也。'这是霞客旅游经验的总结。骑则走马观花，不及细看，人多同游则分心，皆不能集中精力探索大自然的奥秘。"

在第一部分的最后，朱惠荣说："《徐霞客游记》是伟大旅行家徐霞客给我们留下的旅游实录，是他一生进行旅游活动的丰碑，为千百万热心的旅行者提供了一部选胜登临的绝好导游手册 。"

第二方面，《徐霞客游记》是地学百科全书。朱惠荣认为："徐霞客最大的贡献在地学方面。他开辟了地理学上系统观察自然、描述自然的新方向。早年重点解剖名山地区；后来详记旅途沿线情况，观察范围逐渐扩大；晚年则以布政司辖境为单位，全面考察了南方各省。……他每到一地，必尽量登高，便于观察地形，了解山河大势；对水道则穷源探尾，随流跟踪；对山脉则'行周其四隅'，从不同的角度进行全面观察。"

在这一部分，朱惠荣从 10 个方面介绍了我国古代地学百科全书《徐霞客游记》丰富多彩的内容，这其中包括地貌、岩溶、江河、水文、地热、气象、物产、政区、交通、地名等。

朱惠荣指出："《徐霞客游记》的可贵，还在于它是实地调查的真实记录。霞客调查的对象遍及各行各业，有樵夫、牧童、农民、商人、行脚僧、旅客等等。亲闻还必亲见，有的内容虽听别人介绍了，但未亲见，仍不放心，必加注说明。《游记》中根据自己落实的程度，用'即''疑''闻'等字严格区分哪些系亲自游过，哪些是过而未登、缺乏研究，哪些是闻而未至、只听说过。没有到过的则注明'惜未至'，从不以假乱真。霞客对各种地记及前代地理著作十分重视，但又不轻信文献资料。他随身携带《明一统志》，又沿途广泛搜访地记、方志，将实地观察和文献记录认真核对，订正了文献记录中的不少错误。……英国著名科技史专家李约瑟说：'他的游记读来并不像是17世纪的学者所写的东西，倒像是一部20世纪的野外勘察记录。'给徐霞客以很高的评价。"

第三方面，《徐霞客游记》是历史实录。明代的历史资料浩如烟海，记载明末的资料也不少，但多偏重统治阶级上层的活动和北方的情况，反映南方广大地区社会生活的历史资料却太少。朱惠荣认为："徐霞客在明亡前夕社会大动荡的岁月，举步退征，广泛接触社会各阶层，耳闻目染，了解到了国史、邸报不可能反映的社会底层的生活情状。"

朱惠荣认为："霞客对朝政不满，以及他对社会底层群众的同情，使他有可能把当时的社会实际忠实地记录下来。因此，《徐霞客游记》也是一部实录性质的历史著作，是后人认识明末社会情况的最直接的信史，它的丰富而可靠的内容应该受到史学家的重视。《徐霞客游记》犹如一幅明末风俗画的长卷，从东往西，展现了从江南水乡到西南边疆千姿万态的社会生活，生动真实，绚丽多彩。"

朱惠荣将《游记》所反映的十分广泛的社会内容概括为10类，并进行了解说。它们是农业、手工业、商业、民族、政治、统治阶级的腐朽生活、人民生活、农民起义、宗教和文物等。

第四方面，《徐霞客游记》是文学名著。朱惠荣评价《徐霞客游记》在中国文学史上的地位时，引述清朝《游记》的整理者奚又溥的评价，即："徐霞客'其笔意似子厚，其叙事类龙门，故其状山也，峰峦起伏，隐跃毫端；其状水也，源流曲折，轩腾纸上；其记遐陬僻壤，则计里分疆，了如指掌；其记空谷穷岩，则奇踪胜迹，灿若列星；凡在编者，无不搜奇抉怪，吐韵标新，自成一家言。'他认为，柳宗元的记游诸作'不过借一丘一壑，以自写其胸中块垒、奇崛之思，非游之大观也'；司马迁的壮游是'为文章用'，《史记》虽独绝千古，仍然没有游记的代表作；徐霞客'先生之游过于子长，先生之才之气直与子长埒，而即发之于记游，则其得山川风雨之助者，固应与子长之《史记》并垂不朽，岂仅补桑《经》郦《注》之所未备也耶？'"

就《游记》的体例，朱惠荣认为："《徐霞客游记》在体例上分为四种情况。日记正文，这是游记的主干；文中偶有说明，用小字夹注；还有一些综述性质的专条，补充交代当地的风土、物产、人物、历史，或综括山、水、地形，或作为某一段游程的提要，附在各天日记之后，个别的穿插在正文当中，可说是游记正文的发展和补充。有些地区形成较独立的专文，如《永昌志略》《丽江纪略》《法王缘起》等，集中反映某一地区的历史或现状，是对该地区综合研究的成果，也可说是注说和专条的扩大，与游记正文联系起来，更便于阅读。前者按游程发展，采用日记体裁，用时间把众多的景物和事件贯串起来，成为一个有机的整体，这是纵的线索。后三者虽然范围不同，规模各异，但都对重要问题展开，进行横的典型解剖。纵横交织，详略互补，构成了独特的'徐霞客游记体'，丰富和发展了宋代以来的日记体游记，在游记写法中独树一帜。"

第五方面，《徐霞客游记》的版本。朱惠荣就季梦良、李寄等版本以及民国时期的不同版本的情况予以记述。

总之，朱惠荣的前言立意鲜明，脉络清楚，且娓娓道来，让读者有心领神会、茅塞顿开的感觉。

青海人民出版社

青海人民出版社
古今图书集成新编本

印刷时间

1998 年 8 月 1 版 1 印

装帧品相

全 1 册 精装

8 品

开本尺寸

190 × 265 mm

版本来源

护国寺旧书市（北京）

购买年月

2007.12.20

参考时价

60 元

提 要

封面

总目录

《古今图书集成新编》(全十卷·第一卷载《徐霞客游记》) 藏本为青海人民出版社 1998 年 8 月 1 版 1 印，868 页，印数 1200 册，全十卷定价 1980 元。

岳麓书社

岳麓书社
恽波、刘刚
点校本·1

提 要

印刷时间
1998 年 9 月 1 版 1 印

装帧品相
全 1 册 精装 9 品

开本尺寸
135 × 187 mm

版本来源
潘家园旧书市（北京）

购买年月
2011.7.23

参考时价
20 元

封面

书社标识

版权页

《徐霞客游记》 点校者恽波、刘刚，藏本为岳麓书社（长沙市新民路 10 号）1998 年 9 月 1 版 1 印，864 页，字数 686000，印数 1—5000 册，定价 27 元。属"古典名著普及文库"丛书，羊春秋作前言，封面设计黄朝。编者在羊春秋前言之后有小五号字《编者附识》。编者指出，由于徐霞客生前未能来得及亲自将《游记》整理成书，加之其身后原稿又遭兵燹散佚，以致后来流传的各种版本出入甚大。考虑到"文库"以"普及"为主旨，本次出版，即以《四库全书》本为骨架，尽可能融合其他版本所能补足或完善的地方。书中的说明性文字，则用小号字区别。

岳麓书社
恽波、刘刚
点校本·2

提 要

印刷时间
1999 年 9 月 2 印

装帧品相
全 1 册 精装
9 品

开本尺寸
135 × 187 mm

版本来源
网店 跃弘书店（北京）

购买年月
2013.3.20

参考时价
17 元（含 7 元邮费）

封底、书脊及封面

《徐霞客游记》 藏本为岳麓书社 1999 年 9 月 2 印，除印数为"5001—10000 册"外，其余与 1 印同。

　　岳麓书社 1998 年和 1999 年两次印刷的《徐霞客游记》，在书首都有羊春秋撰写的《前言》。羊春秋对徐霞客推崇备至，他在《前言》的最后引用清代大诗人赵翼《徐霞客游记题辞》诗句，高度赞许徐霞客：

扉页

霞客乃好奇，足踏天下半。肩荷一襆被，手挟一油伞。
非奔走衣食，非驰驱仕宦。南狘横海鲸，北追出塞雁。
水愕险滩千，陆跂危巘万。晓寒风裂肤，暑雨泥没骭。
渴掬悬瀑流，饥拾坠樵爨。身冲魑魅过，胆不贫虎悍。
问渠意何为？曰欲穷壮观。将成一家言，亲历异遥盼。

　　羊春秋说："这首诗，我以为写出了徐霞客的真面貌、真胸襟、真情趣、真人格，因以作为本文的结语。"

确、美、真的《徐霞客游记》

——读羊春秋作岳麓书社版《游记》前言

羊春秋（1922—2000），韵文学专家。湖南省邵阳县（今邵东县）人。笔名公羊，1922年4月出生。1949年毕业于国立师范学院国文系，获教育学士学位。曾任湖南师范学院中文系主任及古典文学教研室主任。2000年12月13日在长沙逝世。曾任中国韵文学会会长、中国散曲研究会名誉理事长及《中国韵文学刊》主编。从事古典文学教研工作50余年，代表作《散曲通论》。出版的主要著作有13部，如《唐诗百讲》《校点宋十大名家词》《元曲通论》《李群玉诗集辑注》《春秋文白》《迎旭轩韵文辑存》等。主编了《历代论诗绝句选》《历代名人传记丛书》等书。

湖南岳麓书社1998年1印、1999年2印的《徐霞客游记》，其5000余字的《前言》是羊春秋在1997年12月撰写的。羊春秋先用了2000字的篇幅对"奇人奇书"作了阐述，列举了张骞、玄奘、耶律楚材等几位"行者"，说他们"都是从车骑，携金帛，或为政治目的而冒险，或为宗教目的而背乡；而且都是奉命西征，沿途多有照应。可霞客只有'孤筇''双屦''一襥被'"，以及山魅、猿猴等为伴。二者相比"难易简直有天壤之别，而他所取得的成绩，却可以光耀古今，震撼世界"。

就《游记》的真正价值，羊春秋谈了他的看法："《四库全书》说徐霞客'既锐于搜寻，尤工于摹写；游记之夥，遂莫过于斯编'。它以搜寻之'锐'、摹写之'工'、撰述之'夥'来概括《游记》的价值，我以为是一种皮相之谈，没有把《游记》的真美发掘出来。"

什么是《游记》的真美和真正价值呢？羊春秋认为："《游记》的真正价值，在于据景直书，凿凿可稽。不是有意去模山范水，托兴抒怀，与一般文人争一字之奇、一韵之巧，而妙手天成，韵味深远，读之如亲见其形、亲闻其声、亲历其境、亲观其动静变化之妙，久久在眉睫之间而不会消失、在记忆之中而不会遗忘，这才是他'文奇千古，心雄万夫'之所在。"接着，羊春秋从3个方面阐述了《游记》的特色。

一曰确。羊春秋说："《游记》之文，皆确考源委，确记里程，确载左右之岩壑，确述上下之洞穴，没有不可以'按图索骥'的。即一名之立，必确知其由；一说之误，必确求其正。其态度之严肃，论证之科学，游记中古今无第二人。"说到徐霞客的"确"，羊春秋特别提到徐霞客否定《尚书·禹贡》所说"岷山导江"的著名文章《江源考》，说："徐霞客以至大至刚的实践精神，以无所畏惧的科学勇气，敢于否定经典的定论，建立自己的新说，正是他的人格力量之所在，思想光辉之所射……"

二曰美。羊春秋认为："《游记》本无意于为文，而其所状之山川，美不胜收；所绘之岩壑，目不暇接，美如集锦，灿若列星，使人耳目为之一新，心襟为之一快。"

三曰真。羊春秋指出："《游记》体现了徐霞客的真性情、真胸襟、真生活、真意趣。它无一语不真，无一事不真。它'不假良史之辞，不托飞驰之势'，而能自成一家之言，自传千古之后，不愧是千古的奇人奇文。"

在这篇前言的最后，羊春秋引用清代大诗人赵翼在《徐霞客游记题辞》中的诗句作结。他以为，这首诗写出了徐霞客的真面貌、真胸襟、真情趣、真人格。

羊春秋的前言语言洗练，遣词造句另成一家。惜岳麓书社版《徐霞客游记》流传不广，使读者鲜见羊氏的美文。

河北人民出版社

河北人民出版社卫建强等校注本

印刷时间
1998 年 11 月 1 版 1 印

装帧品相
全 1 册 精装
10 品

开本尺寸
145×210 mm

版本来源
王府井新华书店（北京）

购买年月
2002

参考时价
65 元

提 要

护封

《徐霞客游记》 校注者卫建强、张文颖、王俊金、张文理，藏本为河北人民出版社（石家庄市友谊北大街 330 号）1998 年 11 月 1 版 1 印，字数 981000，印数 3000 册，定价 65 元。内有前言，横排简体。为便于阅读，地名、人名等有下划线，书尾附丁文江编《徐霞客先生年谱》。封面的土黄色布纹纸、宋体书名等，很雅致。封面设计李欣。

封面

河南教育出版社

河南教育出版社
洪建新注释
褚绍唐校阅本

印刷时间
1990 年 6 月 1 版
同年 8 月 1 印

装帧品相
全 1 册 平装
9 品

开本尺寸
139×201 mm

版本来源
潘家园旧书市（北京）

购买年月
2011.7.23

参考时价
12 元

提 要

封面

版权页

　　《徐霞客游记选注》 注释者洪建新，校阅者褚绍唐，藏本为河南教育出版社 1990 年 6 月 1 版 1 印，360 页，270 千字，印数 1665 册，定价 5.6 元。本书由于褚绍唐的校阅，书首有褚绍唐写于 1987 年 12 月的前言。褚先生是 1980 年上海古籍出版社版《徐霞客游记》的整理者。他在前言最后说："这本《徐霞客游记选注》，系根据 1980 年版的《徐霞客游记》（整理本），精选《徐霞客游记》中的重要部分，其中包括名山游记全部及西南游记（《浙游》及《滇游》部分）的重要篇节 44 篇，加以注释，使青年读者便于阅读。"封面图案由蓝绿黄三条横向色带组成。

伊犁人民出版社

伊犁人民出版社
版本·1

印刷时间
不详

装帧品相
全 1 册 平装 9 品

开本尺寸
137×202 mm

版本来源
潘家园旧书市（北京）

购买年月
2011.7.23

参考时价
5 元

提 要

《徐霞客游记》藏本为伊犁人民出版社出版，314 页，属"中华名著百部"丛书史地类第 41 卷。卷首有简要导读。文白对照，双栏排列，左文言右译文。

封面

伊犁人民出版社
版本·2

印刷时间
不详

装帧品相
全 1 册 精装 8 品

开本尺寸
145×210mm

版本来源
潘家园旧书市（北京）

购买年月
2016.8.27

参考时价
15 元

提 要

《徐霞客集》藏本为伊犁人民出版社出版，定价 36.8 元，属"中华文学百家经典"丛书第 46 卷。本书分诗篇和文篇，诗篇收入《题小香山梅花堂诗有序》等 8 首，文篇收入日记 22 篇。

护封

中国社会出版社

中国社会出版社版

印刷时间
不详

装帧品相
全 2 册 精装
9 品

开本尺寸
142×209mm

版本来源
潘家园旧书市（北京）

购买年月
2016.8.27

参考时价
35 元

提 要

封面及封底

《徐霞客游记》 藏本为中国社会出版社出版，无版权页，803 页，属"中国古典名著百部"丛书。棕色封面配古画，无护封，无注解。

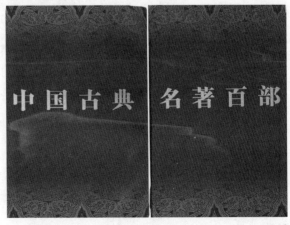

环衬

京华出版社

京华出版社 韩放等点校本·1

印刷时间
2000 年 5 月 1 版 1 印

装帧品相
全 1 册 平装 8 品

开本尺寸
137×200mm

版本来源
地坛书市（北京）

购买年月
2010.12.3

参考时价
10 元

提 要

《徐霞客游记》 主点校韩放，责编刘明，藏本为京华出版社（北京市安定门外青年湖西里甲 1 号）2000 年 5 月 1 版 1 印，印数 1-3000 册，内有提要和杨名时序。

封面

京华出版社 韩放等点校本·2

印刷时间
2002 年 1 月 3 印

装帧品相
全 1 册 平装 10 品

开本尺寸
140×203mm

版本来源
徐霞客故居（江阴）

购买年月
2004.10.6

参考时价
32.8 元

提 要

《徐霞客游记》 主校点韩放，藏本为京华出版社 2002 年 1 月 3 印。该书初版为 2000 年 5 月。属"中国古典文化精华"丛书，字数 608 千，773 页，印数 8001-13000 册，定价 32.8 元。扉页盖"霞客故居"印。

故居印章

封面

印刷工业出版社

**印刷工业出版社
王光军主编本**

印刷时间
2001 年 4 月 1 印

装帧品相
全 3 册 精装
9 品

开本尺寸
146×210mm

版本来源
网店 建华书店（北京）

购买年月
2016.6.1

参考时价
28 元（含 3 元邮费）

提 要

上中下 3 册护封

《徐霞客游记》 主编王光军，藏本为印刷工业
出版社 2001 年 4 月 1 印，字数 726 千，918 页，印数
3000 册。丛书计 34 册，定价共 2580 元，属"中国
古典文学珍藏宝库"丛书。黄色封面，大红色护封，
粉红色环
衬。

封面

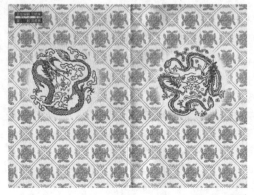

环衬

时代文艺出版社

时代文艺出版社 唐忠民主编本·1

印刷时间
2001 年 11 月 1 版 1 印

装帧品相
全 2 册 平装 9 品

开本尺寸
138×200mm

版本来源
网店 雨后书店（上海）

购买年月
2007.12.1

参考时价
26 元（含 6 元邮费）

提 要

《徐霞客游记》藏本为时代文艺出版社(长春市人民大街124号)2001 年 11 月 1 版 1 印。属"中华古典文化精华"丛书，主编唐忠民，字数 3400 千，624 页，印数 1-5000 套，全套定价 450 元。

封面

时代文艺出版社 唐忠民主编本·2

印刷时间
2004 年 4 月 1 版 1 印

装帧品相
全 2 册 平装 10 品

开本尺寸
139×202mm

版本来源
新华书店

购买年月
2005.4

参考时价
32 元

提 要

《徐霞客游记译注》 藏本为时代文艺出版社 2004 年 4 月 1 版 1 印，"中华传统文化精华"丛书之一，主编唐忠民，字数 561000，364 页，印数 1-5000 套，定价 32 元。

封面

北京燕山出版社

北京燕山出版社 版本·1

提 要

印刷时间
2001 年 11 月 1 版 1 印

装帧品相
全 1 册 平装 7 品

开本尺寸
140×200mm

版本来源
网拍 海上书林（上海）

购买年月
2009.2.14

参考时价
12 元（含 10 元邮费）

《徐霞客游记》 藏本为北京燕山出版社（北京市东城区府学胡同 36 号）2001 年 11 月 1 版 1 印。"中国古典文学荟萃"丛书之一。书首有 5 幅徐霞客行旅图。附录辑录了李约瑟、汪道涵、冯乃康、季羡林等名家的文章。

封面

北京燕山出版社 版本·2

提 要

印刷时间
2009 年 6 月 2 版 1 印

装帧品相
全 1 册 平装 8 品

开本尺寸
168×240mm

版本来源
地坛书市

购买年月
2010.12.3

参考时价
15 元

《徐霞客游记》 藏本为北京燕山出版社（北京市东城区灯市口大街 100 号）2009 年 6 月 2 版 1 印，属"文史笔记精华"丛书，字数 523 千，314 页，丛书全 8 册，定价 240 元。版式设计贾茹、李虎生。

封面

吉林人民出版社

吉林人民出版社版

印刷时间
2003 年 1 月 1 版 1 印

装帧品相
全 10 册 平装
10 品

开本尺寸
127×181mm

版本来源
网店 藏渊阁（济宁）

购买年月
2014.4.1

参考时价
40 元

提 要

封面

　　《徐霞客游记》 藏本为吉林人民出版社（长春市人民大街124号）2003 年 1 月 1 版 1 印，1116 页，印数 10000 套。《游记》全 10 册。该书是"学生版中国传统文化必读丛书"之一。丛书全套 85 册，定价 668.8 元，主编冯国超。篇首有《导读》，介绍徐霞客其人其书。书中每篇《游记》都以《大意》作结，简述本篇大概情况及重点内容。全书结尾有《评价》一文。惜，《导读》和《评价》无作者署名。读罢《评价》一文，我觉得其中有些史料性的论述值得记录在案，现摘录如下。

　　1982 年第三期《地理学报》，发表了著名地理

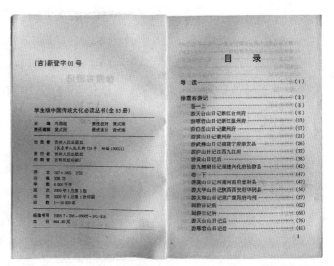

(吉)新登字 01 号

学生版中国传统文化必读丛书(全 85 册)

主　编　冯国超　　　责任校对　黄式宪
责任编辑　黄式宪　　版式设计　黄式宪

出版者　吉林人民出版社
　　　　(长春市人民大街 124 号　邮编 130021)
发行者　吉林人民出版社
印刷者　吉林长虹印刷厂

开　本　737×1002　1/32
印　张　338.75
字　数　8 000 千字
版　次　2003 年 1 月第 1 版
印　次　2003 年 1 月第 1 次印刷
印　数　1—10 000 册

标准书号　ISBN 7-206-03005-3/G·816
定　价　668.80 元

版权页及目录

学家、北京大学教授侯仁之先生的《纪念作为时代先驱的地理学家徐霞客》一文（后收入《徐霞客研究文集——纪念徐霞客诞辰四百周年》）。该文对徐霞客及其游记的研究史作了准确的分析回顾。侯仁之先生认为，真正的研究始于丁文江先生，以 1949 年为限，分为前后两个阶段。此前，人们留意的主要是文学和旅游奇景，丁文江先生"或仅爱其文学，或徒惊其游迹"的评论深入而准确。"而真正从现代地理学的观点上阐述《徐霞客游记》的科学内容的，也正是从丁文江开始。""在《徐霞客年谱》（丁文江著）刊行后整二十年，适逢徐霞客逝世三百周年，浙江大学史地研究所编辑出版竺可桢等的《地理学家徐霞客》的论文集，以志纪念。在这一论文集中，任美锷、黄秉维分别以《读〈徐霞客游记〉忆浙江山水》和《霞客游记中之植物地理资料》为题，进一步论述了《游记》的科学价值。例如前者从现代地貌学的观点出发，根据岩石性质的差异，说明了霞客对天台和雁宕两山的描写十分逼真。后者又从现代生态植物地理的观点出发，说明了霞客对植物与环境的关系也同样有合乎科学的解释。而竺可桢在《徐霞客之时代》一文中，更高度评价了霞客'以求知而探险'的科学精神。"中华人民共和国成立以后，"最全面而最有影响力的一篇，当推任美锷在《中国古代地理名著选读》（第一辑）中对《徐霞客游记》所作的'选释'"。侯仁之先生引证了任氏原文："从中国古代地理学的发展来说，过去的地理书籍偏重于疆域、沿革、风土、物产的记述，而对于自然地理的现象绝少涉及。到了徐霞客，则断然离开他的书斋，开辟了有系统的观察自然、描述自然的新方向。这不能不说是十分可贵的。这和他所处的时代——中国资本主义萌芽时期——的精神，是有着密切关系的。自然我们不能期望三百年前的徐霞客在社会生产的发展尚未提出要求以前，在一些相关学科尚未建立以前，就能够对地理学——特别是地貌学做出系统的理论上的贡献。其实问题不在这里，而在于徐霞客所开辟的道路为什么竟然是后继乏人。"侯仁之先生接着说："这篇'选释'刊印以后又二十年，褚绍唐、吴应寿共同整理的新书《徐霞客游记》问世，这是当前所有同书各版本中最好的一种，同时这个版本的'前言'也是已发表的介绍徐霞客生平业绩的各种写作中最系统、最全面的一篇，可以看作是前人研究成果的一个总结。"上世纪 80 年代中期以后，徐霞客及其游记的研究更为深入全面，出版了一批研究专著，涉及生平、旅游、学术贡献等各个方面。这一时期的研究，最重要的特点是结合野外勘察来研究《徐霞客游记》，这也是丁文江先生曾经使用的研究方法。

陕西旅游出版社

陕西旅游出版社版

印刷时间

2003 年 3 月 1 版 1 印

装帧品相

全 1 册 平装

10 品

开本尺寸

140×193mm

版本来源

网店 半分利书店（北京）

购买年月

2014.12.10

参考时价

10 元（含 5 元邮费）

提 要

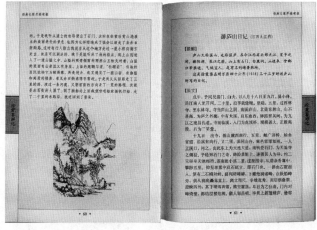

正文

封面

　　《徐霞客游记》 藏本为陕西旅游出版社（西安市长安北路 32 号）2003 年 3 月 1 版 1 印，218 页，印数 1-5000 册，定价 10 元。属"中国传统文化经典文库"丛书。卷首有编者简短前言。全书收入 19 篇游记，每篇由题解、原文及译文组成，书后有《徐霞客年表》。封面设计陈飞。

上海社会科学院出版社

上海社会科学院出版社
禾乃译本

提 要

印刷时间
2003 年 8 月 1 版 1 印

装帧品相
全 1 册 彩印 平装
10 品

开本尺寸
172×227mm

版本来源
新华书店（北京）

购买年月
2004.4

参考时价
48 元

版权页及扉页

《徐霞客游记》 译者禾乃，藏本为上海社会科学院出版社（上海市淮海中路 622 弄 7 号）2003 年 8 月 1 版 1 印，200 千字，定价 48 元。属"插图典藏"丛书。封面设计阿健。

封面

插图及正文

吉林文史出版社

吉林文史出版社版

印刷时间
2004 年 7 月 1 版 1 印

装帧品相
全 1 册 平装
10 品

开本尺寸
90×125mm

版本来源
网店 成功书坊（郑州）

购买年月
2014.7.18

参考时价
8 元（含 5 元邮费）

提 要

《徐霞客游记》 藏本为吉林文史出版社（长春市人民大街 4646 号）2004 年 7 月 1 版 1 印，属"随身书库"丛书，字数 150 千，380 页，印数 1~5100 册，定价 10 元。

古时候，体积较小的书籍版本，被称为"巾箱本"。巾箱，古代放置头巾等细小杂物的小箱箧。按今天说法，64 开及其以下的开本叫"口袋书"，其实就相当于古代的巾箱本。〔宋〕戴埴《鼠璞》载："今之刊印小册，谓巾箱本，起于南齐衡阳王手写《五经》置巾箱中。"这种体积小、携带方便的图书，又称为"袖珍本"。记得 30 多年前，我在荣宝斋买过一个比火柴盒还窄的《韵谱》，书签标示袖珍本，宣纸印刷。我曾在浙江衢州孔氏南宗家庙获得袖珍本《论语》（上下册），每册 60 多页，尺寸为 40×60 ㎜，是为纪念孔子圣诞 2550 周年及孔氏嫡裔南迁 870 周年，精较付梓的版本。这是我收藏的最小的书了。古代人的衣袖宽大，"袖里吞金"——将书放在袖筒中。另外，为供科举考生作弊之用，书商还刻印一种极小的小册子，称为"挟带本"。在南京夫子庙的江南贡院，可以看到原物。今人的袖子没有古人的肥大，但衣服上的兜多，故有"口袋本"。顾名词义，是装在衣服口袋里面的书。本书体积小，便于携带，售价便宜。

封面

新疆青少年出版社

**新疆青少年出版社
高卫红评注本**

印刷时间
2005 年 5 月 1 版 1 印

装帧品相
全 1 册 平装
10 品

开本尺寸
140×200mm

版本来源
潘家园旧书市（北京）

购买年月
2016.8.27

参考时价
5 元

提 要

正文

封面

《〈徐霞客游记〉选注》 评注者高卫红，藏本为新疆青少年出版社（乌鲁木齐市胜利路 100 号）2005 年 5 月 1 版 1 印，169 页，印数 5000 册。该书是"中国传统文化丛书"之一，丛书定价共计 76 元。本书将 21 篇游记分别划归 6 类中，以小标题展示其不同的内容：山川有灵、五岳是志、水光谱曲、佳境幽思、山河之恋、山水作证。

中国少年儿童出版社

中国少年儿童出版社
徐公持、王鹏廷
选评本

印刷时间
2005 年 9 月 1 版 1 印

装帧品相
全 1 册 精装
10 品

开本尺寸
140×208mm

版本来源
网店 博鳌书屋（菏泽）

购买年月
2013.3.30

参考时价
22 元（含 7 元邮费）

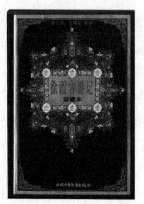

封面

提 要

《徐霞客游记》 选评者徐公持、王鹏廷，藏本为中国少年儿童出版社（北京市东四十二条 21 号）2005 年 9 月 1 版 1 印，606 页，382 千字，印数 11000 册，定价 29 元。本书是中国少年儿童出版社针对儿童的特点编辑的《徐霞客游记》节选本。全书选入作品 32 篇，有别于大多数选本仅限于选录《游记》中描写名山大川的文章，本书所选篇目覆盖《游记》全书，浙游、楚游、江右游均有涉及，滇游达 9 篇之多，还有往往被选本忽略的《盘江考》。每篇选文除正文外，还有题解、注释及白话文。每篇题解 600—800 字，都是精彩的美文。选评者为徐公持和王鹏廷。

书首有徐公持先生《寻山如访友，远游如致身》的序文。徐先生是深刻理解徐霞客的，他为这篇序文拟的题目，就足以说明其对徐霞客的挚爱。在序中，徐公持认为："徐霞客出游四方，并非全是出于弄清山川地理面貌真相的目的，他更主要的是将名山之旅当作一项寄托自己感情的活动来看待。……他要通过壮游，去亲身探寻大自然胜境，在奇景胜境中寄托他的孤高精神。这是一种在大自然中寻求精神升华和精神愉悦的方式，是一种名士寄情于山水的行为。"徐先生说："作为毕生壮游成果的《徐霞客游记》，是描写一位清流名士在名山胜水中自我流放的'奇

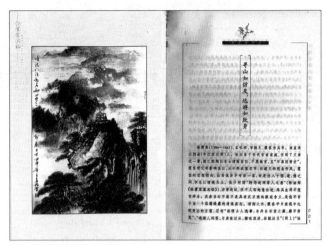

插图及正文

书’，是表现一位名士与山水自然作心灵对话的记录，是人与自然的情感交流史。”

选评者以徐霞客《游天台山日记》为例，与读者分享徐霞客与自然世界的相融相知的内心世界。徐霞客在这篇游记中，集中表露了他投入自然山水怀抱的热情。游记开篇就写“云散日朗，人意山光，俱有喜态”。其实此时尚未进入“游”的状态，徐霞客却已经“喜”不自胜，表明其内心对于山水自然怀有强烈向往。其实“云散”也好，“日朗”也好，都是常见的自然现象，“山光”作为景色也无甚特别之处，有何“喜态”可言？云、日、山的“喜”态，实际上只是受了“人意”的影响，只是存在于霞客的主观感觉中。于此可见，霞客是将对象人格化了，感情化了。他将自己的心情融注进云、日、山这些自然物，使之也具有人的情绪色彩。在此基础上，霞客就能够与山水自然物进行感情上的交流，并且取得和谐与共鸣。

选评者认为，与其他名山相比，天台山不算特别险峻辽远，但本篇中，霞客也写及他冒着“於菟夹

扉页

霞客生里社奇情鬱
然玄對山水力耕耘
毋踐更飜氄氄如
蘢烏之觸隅毎思揚
去
钱谦益　徐霞客传　明石

题词

道，月伤数十人"的危险，勇敢前进；为了探幽访奇，他"赤足跳草莽中，揉木缘崖"，同游者竟"不能从"。这种始终一贯的执着与热情，洋溢在他全部的游山过程中。

选评者指出，从游记的具体描写中还可以看到，霞客经常为自然景色所倾倒。天台山是美的，但徐霞客眼中的美，可以说超出了常人的感受。他在"观石梁卧虹，飞瀑喷雪"后，兴奋得"几不欲卧"；他在"山高风冽""路绝旅人"的荒山野岭上，眼中所见却是"翠丛中山鹃映发""琪花玉树，玲珑弥望"，而且"令人攀历忘苦"；他途中看到"溪回山合，木石森丽，一转一奇"，便"殊慊所望"；他看到"风萦水映，木秀石奇"，便要感慨"意甚乐之"。这表现了霞客发现自然美景、亲近自然美景、享受自然美景方面的特殊能力。正是具有这种独到的审美能力，才使得他拥有足够强大的动力，去克服那么多的艰难困苦，矢志不渝要游遍名山大川。

本书的装帧设计也值得称道，封面以墨绿色铺底，施以金色纹样，精细、精致、精美，庄重而华丽，有十八九世纪国外图书的设计风格。内文设计也有特点，版式疏密得当，视觉上很舒服。书首有当代书画作品8幅。封面设计周建明，版式设计刘静。

我与选评者之一的徐公持先生有一面之交。那是2008年8月的一天，在徐学研究前辈曾俊伟家里，当时还有黄实、杨文衡、胡有萼和谢韬夫妇等十余人。通过这次交往，我才知道徐公持先生的学识了不得，还互留了电话。后来买到徐先生的这本书，看到他的文字，好生喜欢，一直想拜访他，但至今也没有成行。写到这里，特别记上一笔。

华夏出版社

华夏出版社
史念林等注本

印刷时间
2006年1月1版1印

装帧品相
全2册 平装
9品

开本尺寸
155×229mm

版本来源
网店 新思维书屋（镇江）

购买年月
2012.2.17

参考时价
31元（含6元邮费）

提 要

正文

《徐霞客游记》 注者史念林、季益静、刘富新、李大华、李四明、赵思昭，藏本为华夏出版社（北京东直门外香河园北里4号）2006年1月1版1印，994页，100千字，定价68元，属"中国古代闲情丛书"。装帧设计陈占利。

封面

山西古籍出版社

山西古籍出版社
杨文、李丽选注本

印刷时间
2007年2月1版1印

装帧品相
全1册 平装
8品

开本尺寸
146×210mm

版本来源
潘家园旧书市（北京）

购买年月
2012.6

参考时价
8元

提 要

　　《徐霞客游记》 选注者杨文、李丽，藏本为山西古籍出版社（太原市建设南路21号）2007年2月1版1印，299页，210千字，印数5000册，定价10元，属"中国家庭基本藏书·笔记杂著卷"。卷首有鲍晶、鲍昌的代序《探奇历险落从容》。代序认为《游记》在文学上有六个方面的突出特点。之一写景记事，悉从真实中来，具有浓厚的生活实感；之二写景状物，力求精细，远较前人游记细致入微；之三词汇丰富，敏于创制，绝不因袭套语，落入窠臼；之四写景时注重抒情，寓情于景，情景交融；之五写景时亦注意表现人的主观感觉；之六写景状物常运用动态描写或拟人手法。选注者在前言中称：此次选辑注释付梓，参考各种版本，择善而从；为读者阅读方便起见，前以《中国大百科全书》条目为代序，所选日记每部分都有题解，介绍其游历地点、详细时间及经过，乃至行程、遭遇及友人援助，终化险为夷，完成游历。对文中疑难字词详加注音释义。书后附以《徐霞客年谱简编》《〈徐霞客游记〉主要版本》及《〈徐霞客游记〉名言警句》（正文中用着重号标注），供读者参考。本书由杨文和山西大学文学院2005级研究生李丽选注整理而成。

封面

齐鲁书社

齐鲁书社
烟照等校点本

印刷时间
2007 年 7 月 1 版 1 印

装帧品相
全 2 册 平装
10 品

开本尺寸
148×208mm

版本来源
网店
当当（北京）

购买年月
2015.10.20

参考时价
36.30 元（含 8 元邮费）

提 要

封面

《徐霞客游记》 校点者烟照、方岩、闫若冰，藏本为齐鲁书社（**济南市经九路胜利大街 39 号**）2007 年 7 月 1 版 1 印，856 页，734 千字，定价 45 元。属"历代笔记名著丛书"。

重庆出版社

重庆出版社
全俊、黄亮校注本

印刷时间
2007年9月1版1印

装帧品相
全1册 平装
10品

开本尺寸
170×260mm

版本来源
中关村图书大厦（北京）

购买年月
2008.4.2

参考时价
46.4元

提 要

《徐霞客游记》 校注者全俊、黄亮，藏本为重庆出版社（重庆长江二路205号）2007年9月1版1印，321页，404千字，印数10000册，定价58元。全彩色印刷，制作颇佳。本书最大亮点是各个名山均有彩色速写插图，行旅路线采取古图绘法，拙朴之气赏心悦目。更有大量明清及近代画家的国画作品，明清画家如石涛、文徵明、唐寅、董其昌、袁耀、朱耷等，近代画家有陆俨少、潘天寿、张大千、吴湖帆等。从整体设计角度来看，这个本子可列入上乘之作。

本书在文字方面也是亮点频出，比如，游记中的重要景观，编者用稍小字号单独介绍。以游雁荡山日记为例，将灵峰、灵岩、大龙湫、小龙湫、百岗尖等辟专文介绍，文旁还配发近代画家潘天寿的作品，文字角度新颖，很接地气："众多历史名人笔下的雁荡山都甚为雄奇壮丽，如叶澄、唐寅、文徵明等名家笔下的雁荡山都险不可攀。但雁山之美不仅有其险峻，近代艺术大师潘天寿笔下写雁荡山花，让雁荡山的柔美之韵味跃然纸上。"

封面及腰封

扉页

中华书局

**中华书局
朱惠荣整理本**

印刷时间

2009 年 1 月 1 版 1 印

装帧品相

全 1 册 精装

10 品

开本尺寸

150 × 215mm

版本来源

朱惠荣赠送

获得年月

2009.4.15

提 要

正文

封面

《徐霞客游记》 整理者朱惠荣，藏本为中华书局（北京市丰台区太平桥西里 38 号）2009 年 1 月 1 版 1 印，662 页，680 千字，印数 1—6000 册，定价 30 元，属"中华经典普及文库"丛书。卷首有简短的编辑部《徐霞客游记出版说明》及《"中华经典普及文库"出版缘起》。为便于读者阅读《徐霞客游记》这部地理学著作，本书中使用专名线表示地名、人名，使用波浪线表示书名。

中华书局
朱惠荣译注本

印刷时间
2009 年 3 月 1 版 1 印

装帧品相
全 1 册 平装

开本尺寸
146×209mm

版本来源
网店 星星书店（长沙）

购买年月
2011.7.14

参考时价
22 元（含 10 元邮费）

提 要

《徐霞客游记》 译注者朱惠荣，藏本为中华书局 2009 年 3 月 1 版 1 印，393 页，字数 200 千，印数 1—10000 册，定价 20 元。本书为"中华经典藏书"之一，封面棕黄色调，天头地脚用云纹装饰，还有古代拓片三马车骑图等纹样。正文双色印刷。书首有译注者朱惠荣为本书撰写的前言，从 4 个方面简述徐霞客及其《徐霞客游记》的历史贡献和价值：之一是文学和旅游方面，之二是地学和生态学方面，之三是史学和民族学方面，之四是独特的名人传记。收入的 21 篇游记中，除了读者耳熟能详的名山游记外，还包括鲜被选入的《游秦人三洞日记》《浙江遇盗日记》《与静闻永诀日记》《游鸡足山日记后》等，反映的是《游记》丰富的人文内容。这些故事性较强的篇目，足以反映出徐霞客的传奇经历和他面对困难时所表现出的坚强意志及高尚品德。本书还选取了徐霞客的学术札记和专篇论文，这些篇什有助于读者认识《游记》的完整体例和学术价值，比如《黄草坝札记》《随笔二则》《溯江纪源》等。还有《丽江从教日记》《越高黎贡山日记》《游盘江桥日记》等。

本书各篇的顺序维持原书中的顺序不变，原有的标题一仍其旧，原无标题者由编者拟定标题。为保持原书的体例面貌，不进行相关内容的重新组合；为保持原书的文字风格，对所收原文未作任何删节。其目的在于通过选本，让读者能够感受具体而微、原汁原味的《徐霞客游记》。封面设计毛淳。

2009 年 5 月第二次印刷，印数为 10001—16000 册。该书于 2016 年 3 月以 1 版 1 印的形式出版，字数 200 千字，印数 1—8000 册。仍为双色印刷，书首前言文字略有修改，封面的纹饰稍有变化。

封面

**中华书局
朱惠荣、李兴和
译注本**

印刷时间

2015 年 5 月 1 版 1 印

装帧品相

全 4 册 精装
10 品

开本尺寸

150×217mm

版本来源

朱惠荣赠送

获得年月

2016.9.7

提 要

4 册书脊

封面

《徐霞客游记》 译注者朱惠荣、李兴和，藏本为中华书局 2015 年 5 月 1 版 1 印，2837 页，2000 千字，印数 8000 册，定价 199 元。这是中华书局出版的"中华经典名著全本全注全译丛书"之一。卷首有朱惠荣于 2014 年 9 月 19 日写的前言，从 4 个方面对徐霞客及其《徐霞客游记》作了介绍：一是奇人徐霞客，二是奇书《徐霞客游记》，三是中华传统文化养育的徐霞客，四是《徐霞客游记》的版本。

译注者在前言最后对这个版本加以说明。他说，"中华经典名著全本全注全译丛书"之《徐霞客游记》，主要依据中华书局出版的朱惠荣整理本《徐霞客游记》。为方便读者阅读，正文内不再保留整理时插入的方括号，如欲了解用乾隆本校补的情况，

扉页

可查阅上述《校注》本和整理本。个别由整理者补的字，仍用圆括号标出。注释分校记、释文和评注三类。属于版本上的问题尽量出校，前人整理时的重要版本记录也尽量保留，以便认识《徐霞客游记》的历史面貌和变化。释文内容包括疑难字词、历史背景、历史地理、人物、民族、名物、制度、宗教等方面，侧重古今对照。个别至今仍行用的方音字，仍注地方音，如"高峤（qiāo）""苴（zuǒ）榷"等。对原书存在的问题，则通过评注指出，或引他书加以校正。个别注释着意说明某些地理或历史结论，出于眉目清晰、方便读者阅读之目的，而分为几段。随着研究的深入，并适应读者需要，在《校注》本的基础上增加了较多注释条目；今地名资料，一律按最新的行政区划反映。题解中古今地名相同的，不再括注今地名。另编绘13幅徐霞客旅游路线图，放在书中相应的位置，俾便对照。为了保持译文的统一风格，今译由李兴和先生独自承担。

广陵书社

广陵书社
2009 年宣纸线装版

印刷时间
2009 年 1 月 1 版 1 印

装帧品相
8 册（一函） 宣纸 线装
10 品

开本尺寸
180×284mm

版本来源
网店 通雅轩（杭州）

购买年月
2013.5.6

参考时价
600 元（含 20 元邮费）

提 要

函套

　　《徐霞客游记》 藏本为广陵书社（**扬州市文昌西路双博馆**）2009 年 1 月 1 版 1 印，定价 980 元，一函 8 册，宣纸线装。书衣和函套材质为锦绫，题有书名的签条是绢料。藏本版框高二二四毫米，宽一三七毫米，四周双边，半叶十六行，行三十四字左右——说"左右"，是因为标点占半字的缘故。版心设计为单黑鱼尾，白口，上刻"徐霞客游记"5 个字；中刻日记篇目名称；下刻叶数。书首有出版说明，署"广陵书社"，还有徐霞客像、版本书影、部分山志图及旧刊序。在宣纸上采取影印技术印制的书影等。

广陵书社
吕锡生点校本

印刷时间
2009 年 1 月 1 版 1 印

装帧品相
全 2 册 精装 10 品

开本尺寸
150×217mm

版本来源
2009.2.26
徐霞客研究者张炳德赠送

提 要

封面、书脊及封底

徐霞客手迹

　　《徐霞客游记》　点校者吕锡生，藏本为广陵书社 2009 年 1 月 1 版 1 印，字数 666 千字，定价 158 元。本书特点：一是有百幅彩色图片；二是对徐霞客写作的遗文佚诗等，按时间顺序编入正文中。在凡例中，点校者称本书"按现代汉语语法要求重新进行分篇、分段、标点，少数讹字径直改正之"。为便于读者对照阅读，似应把改正的地方标注出来为好。本书为已故无锡市徐霞客研究会秘书长张炳德签名赠送。

广陵书社
吕锡生主编本

印刷时间
2014 年 7 月 1 版 1 印

装帧品相
全 1 册 平装 10 品

开本尺寸
170×240mm

版本来源
吕锡生赠送

提 要

　　《徐霞客游记白话选读》主编吕锡生，藏本为广陵书社 2014 年 7 月 1 版 1 印，248 页，字数 241 千，定价 38 元。

封面

凤凰出版社

凤凰出版社
汤化、郭丹注评本

印刷时间
2009 年 6 月 1 版 1 印

装帧品相
全 1 册 平装
10 品

开本尺寸
150×225mm

版本来源
网店 南琦书店（上海）

购买年月
2015.5.11

参考时价
16 元（含 6 元邮费）

提 要

《徐霞客游记》 注评者汤化、郭丹，藏本为凤凰出版社（南京市中央路 165 号）2009 年 6 月 1 版 1 印，223 页，220 千字，定价 17 元，属"历代名著精选集"丛书。本书收入徐霞客游记 26 篇。书首有注评者汤化写的前言，从 5 个方面概括了《游记》的特色。汤化指出，《徐霞客游记》是一部游记文学巨著，虽然作者的本意并非专在从事文学创作，因此从科学考察的需要，《游记》中有大量关于山形水势、距离里程等类似"流水账"的记叙，但是他对神州山川的热爱之情、高雅的审美情趣和卓越的文学才华，却自然而然地在这"流水账"中十分鲜明地体现出来。

第一，不论是展现山川形势，还是描写自己的行程经历，不管情况多么错综复杂，却总是表现得层次清晰，有条不紊。用潘耒的话说，就是："先审视山脉如何去来、水脉如何分合，既得大势，然后一丘一壑，支搜节讨。"如《江右游日记》中描写戈阳龟峰一节，先是"出方丈中庭，指点诸胜"，以远景对"谷之内者"各山峰逐一扫描，分别展示各峰的形状特点、相互之间的各种关系等，给人以全景印象。然后转向"谷之外"，先是总体观照并展示其谷东西南北走向，然后深入一步，先进入东外谷，分别展示第一层、第二层；再进入北外谷；又进入南外谷，逐一展示第一、第二、第三层。如此逐层展示，层次非常分明，群峰之间的远近、方位、主从等关系极为清楚。

第二，文字自然简洁，却舒卷灵动，趣味盎然。如《游黄山日记后》描写云雾："时浓雾半作半止，每一阵至，则对面不见。眺莲花诸峰，多在雾中。独上天都，予至其前，则雾徙于后；予越其右，则雾出于左。其松犹有曲挺纵横者，柏虽大干如臂，无不平贴石上如苔藓然。山高峰巨，雾气去来无定。下盼诸峰，时出为碧峤，时没为银海；再眺山下，则日光晶晶，别一区宇也。"这里写云雾的半作半止，来去无定，或左或右，时出时没。人在其中，似与之嬉戏玩耍；山在其中，似随之隐现浮沉。在云雾变换中，青松或曲或挺、或纵或横，翠柏则似苔藓紧贴岩石，千奇百怪，生机勃勃，真是一幅变幻流动、气象万千的黄山云海图。书中其他各处，不论景物描写还是人物活动及心理描写，也往往三言两语，却涉笔成趣。

第三，善于采用比喻、夸张、拟人、排比、铺张等手法，反复渲染，细细刻画，将景物描绘得绚丽妩媚，生动传神。如《游恒山日记》中对箭筈岭北山崖绿树的描写："一逾岭北，瞰东西峰连壁隤，翠蛰丹流。其盘空环映者，皆石也，而石又皆树；石之色一也，而神理又各分妍；树之色不一也，而错综又成合锦。石得树而嵯峨倾嵌者，幕以藻绘而愈奇；树得石而平铺倒蟠者，缘以突兀而尤古。"这段描写，有如一篇短赋，将石与树各自的形态变化以及相互间的映衬烘托表现得极为丰富生动，鲜明艳丽，多彩多姿，给人以十分强烈的视觉美感和心理愉悦，也体现了作者高雅的审美情趣。

第四，融情于景，即景抒情。其实在前面所说的那些生动描写中，都已经包含着作者对美丽河山由衷的激赏和赞颂之情。而像《楚游日记》中湘江

封面

遭劫的那段故事，则可谓饱含悲情的诉说，熔叙述、描写、议论、抒情于一炉，百感交集，令人心酸欲泪。再如《浙游日记》中描写自己登上金华北山："甫至峰头，适当落日沉渊，其下恰有水光一片承之，溟漾不定，想即衢江西来一曲，正当其处也。夕阳已坠，皓魄继辉，万籁尽收，一碧如洗，真是濯骨玉壶，觉我两人形影俱异，回念下界碌碌，谁复知此清光？即有登楼舒啸，酾酒临江，其视余辈独蹑万山之巅，径穷路绝，迥然尘界之表，不啻霄壤矣。虽山精怪兽群而狎我，亦不足为惧，而况寂然不动，与太虚同游也耶！"这段描写，不但生动描绘出一幅江天落日、耳目一清的壮丽清新图景，更由美景抒发出人生碌碌的感慨和身心陶醉、超然世外的情怀，情绪十分激烈而饱满，其胸襟怀抱、才情个性得以充分展现。

第五，善于根据景物特点，遣词造句，喜用四字句。仅以首篇《游天台山日记》为例，就有云散日朗，人意山光；泉声山色；泉轰风动；越涧攀岭；山高风冽；琪花玉树；溪回山合，木石森丽；雷轰河隤；风萦水映，木秀石奇；青松紫蕊，攒峦夹翠等词句。这些词句，往往成二二式结构，或上下句对称，显得典雅而匀整，新奇而别致。至于全书中，更是随处可见美词丽句，而且屡出屡新，少有重复。

另外，《游记》在取材上还有一个特点，就是求奇求趣，而不怎么在乎其"名"与"不名"。比如杭州西湖，有多少风光美景！可是作者偏偏惜墨如金，却将灵隐寺一位"坐日忘空"的老僧和两三群"流香转艳"的丽妇目为"奇遇"，在十分有限的画面中，给出两个颇有"蒙太奇"意味的特写。此后又对新城洞山的山野小景和名声远不如西湖的金华八洞搜求探寻，在书中更是大泼其墨，洋洋洒洒，津津乐道。

凤凰出版社
2012 年版

印刷时间

2012 年 8 月 1 版 1 印

装帧品相

全 1 册 平装 10 品

开本尺寸

100×134mm

版本来源

网店 默墨香书阁（北京）

购买年月

2014.10.24

参考时价

22.5 元（含 10 元邮费）

提 要

正文

《徐霞客游记》 藏本为凤凰出版社 2012 年 8 月 1 版 1 印，389 页，2016 千字，定价 18 元。本书 64 开，可谓"袖珍本"（古代也称为"巾箱本"）。图文绘本，黑蓝双色印刷。书中有 140 多幅传统技法绘画的山水画，基本是隔页见图，读文赏图，别具情趣。收入 15 篇名山游记，原文及译文同在，文字简洁清晰，实为不可多得的随身携带的"口袋书"。封面仅在天头留出大约七分之一的"一条白"，黑色等线黑体字母，余下平铺湖蓝。书名反白，紧挨右上角，下裁口靠左角的小小黑字是出版社名称。封面设计简洁舒爽。如果一本 32 开本的书籍采用如此设计，效果也会很好。装帧设计路炳男。本书是"读点经典"丛书第 10 辑。该辑共 10 册，包括《素书》《天工开物》等，还有《罗马文明》等外国文献。

护封

大众文艺出版社

大众文艺出版社
姜子夫主编本

印刷时间
2009 年 6 月 2 版

装帧品相
全 1 册 平装
10 品

开本尺寸
127×184mm

版本来源
潘家园旧书市（北京）

购买年月
2012.6

参考时价
5 元

提 要

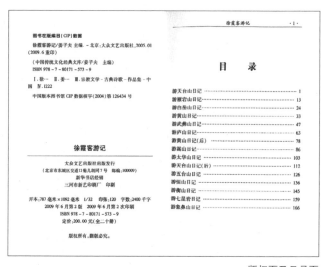

版权页及目录页

封面

《徐霞客游记》 藏本
为大众文艺出版社（北京市
交道口菊儿胡同 7 号）2009
年 6 月 2 版，2400 千字，属
"中国传统文化经典文库"
丛书，姜子夫主编。该书收
录了 15 篇游记，除 13 篇名
山游记外，还有《游七星岩》
《游象鼻山》。正文形式为
解题、原文及今译。

扉页

华艺出版社

华艺出版社版

印刷时间
2010年9月1版1印

装帧品相
全1册 平装
9品

开本尺寸
120×167mm

版本来源
网店
众发书行（大同）

购买年月
2015.9.21

参考时价
9元（含5元邮费）

提 要

封面　　　　　　　版权页

《徐霞客游记》 藏本为华艺出版社（北京市海淀区北四环中路229号）2010年9月1版1印，250页，4800千字，定价10元，属"中华国学经典"丛书。收录15篇游记，有译文，双色印刷。

长江出版传媒
湖北美术出版社

长江出版传媒
湖北美术出版社版

印刷时间
2012 年 10 月 1 版 1 印

装帧品相
全 1 册 平装
9 品

开本尺寸
147×207mm

版本来源
网店
绝江河书局（黄冈）

购买年月
2016.8.18

参考时价
17 元（含 7 元邮费）

提 要

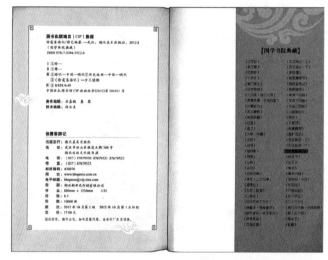

版权页及后勒口

《徐霞客游记》藏本为长江出版传媒湖北美术出版社 2012 年 10 月 1 版 1 印，267 页，印数 10000 册。属"国学书院典藏"丛书。双色印刷。

封面

黄山书社

黄山书社版

印刷时间
2014年1月1版1印

装帧品相
6册（一函）宣纸 线装
10品

开本尺寸
185×300mm

版本来源
崇贤馆甜水园专卖店
（北京）

购买年月
2015

参考时价
897元

提 要

函套

书衣

《徐霞客游记》 藏本为黄山书社（安徽省合肥市政务文化新区翡翠路1118号出版传媒广场7层）2014年1月1版1印，473页，定价1380元。责任编辑任耕耘、江汇。一函6册，宣纸线装。函套材质为织有金黄纹样的红色锦绫，书衣是纯红锦绫铺梅花图案。藏本版框高二一六毫米，宽一四二毫米，四周单边，半叶十三行，行三十或三十一字。版心设计为逆黑鱼尾，白口，上刻"徐霞客游记"；中部刻册次、叶数；下刻"崇贤馆"。正文双色印刷，其中注释文字为砖红色。"牌记"为荷叶莲花龛形，与明嘉靖三十八年（1559）书林杨氏归仁斋重梓行《大明一统志》的牌记图形相同。本书编者在这方面颇

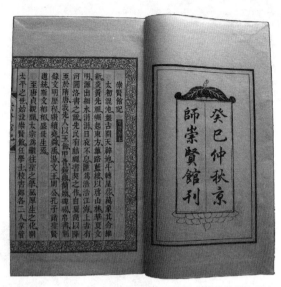

牌记图形（荷叶莲花龛形）

讲究。

开篇有《崇贤馆记》（作者李克）及《前言》（作者毛双民，社会科学院历史研究所）。该书整体品质精良。按《崇贤馆记》所言："崇贤善本，誓循宋代工艺，选安徽泾县有'纸中黄金'美誉之手工宣纸制作。装帧集材，绫面绢签，沿袭古法，雕版琢字均出名典。"前言短小精致，评价得当，概括徐霞客及其《游记》的事迹。正文分为题解、原文、注释、译文。双色印刷，内有众多白描山水人物图，确是一个不错的版本。

惟有引用的一些数字值得商榷，比如，自明崇祯第一版（1642）到1985年朱惠荣校注本，"已经出版了38次"——这个提法及数字显然不准确。再如，据记载，在30余年的旅途生涯中，徐霞客共记下了"两千万字的日记"——"两千万字"疑似以讹传讹。还有，"在编排本书的过程中，我们在现存的40多万字的《徐霞客游记》中精心节选……"——《徐霞客游记》应为60多万字。另外，既然沿袭古法，"前言"改称"序"，似更为妥帖。

徐霞客游记书影

光明日报出版社

光明日报出版社版

印刷时间
2014年9月1版1印

装帧品相
全1册 平装
10品

开本尺寸
170×240mm

版本来源
网店 当当

购买年月
2016.11.9

参考时价
24.90元（含8元邮费）

提 要

《徐霞客游记》 藏本为中国光明日报出版社（北京市东城区珠市口东大街5号）2014年9月1版1印，250页，224千字，定价32元。属"中华经典典藏系列"丛书。

封面

扉页

版权页

长江出版传媒
崇文书局

长江出版传媒
崇文书局
朱树人注译本

印刷时间
2007 年 11 月 1 版 1 印

装帧品相
全 1 册 精装
10 品

开本尺寸
145×215mm

版本来源
网店
淘乐斋（（北京）

购买年月
2014.6.1

参考时价
14 元 (含 6 元邮费)

提 要

封底、书脊及封面

《徐霞客游记》 注译者朱树人，藏本为崇文书局 2007 年 11 月 1 版 1 印，167 页，100 千字，印数 10000 册，定价 16 元，属"中华国粹经典文库"丛书。卷首有简短前言，收入 15 篇游记，以题解、原文、今译的形式编排。双色印刷。该书的装帧设计比较有特点。

版权页

长江出版传媒
崇文书局
刘虎如选注
王美英校订本

印刷时间
2014 年 9 月 1 版 1 印

装帧品相
全 1 册 平装
10 品

开本尺寸
143×209mm

版本来源
网店 京东

购买年月
2016.8

参考时价
6.96 元

提 要

《徐霞客游记》 选注者刘虎如，校订者王美英，藏本为长江出版传媒崇文书局（武汉市雄楚大街 268 号）2014 年 9 月 1 版 1 印，120 页，定价 12 元，本书以民国年间刘虎如选注本为底本，属"民国国学文库"丛书。书首有校订说明："丛书原名'学生国学文库'，为 20 世纪二三十年代商务印书馆王云五主编'万有文库'之子系。为突显其时代印记，现易名为'民国国学文库'。"就本书做的编辑工作、校订说明也一一详陈，简录如下：

原文部分，均选用通用、权威版本全文校核，参以校订者己见，做了必要的校核和改订。为阅读的通顺、便利，未一一标注版本出处。

注释根据原文的结构分别采用段后注、文后注，以便读者省览。原著作了适当增删，基本上保持原文字风格，"之乎者也"等虚词适当剔除。增删力求通畅、易懂，避免枝蔓。典实、注引做了力所能及的查证，但因才学有限，疏漏可能在所难免。

原书为繁体竖排，现转简体横排。简化按通行规则，但考虑到作为国学读物，普及小学知识亦在情理之中，故保留了少量通假字、繁体字、异体字，一般都出注说明，或许亦可增加读者的阅读兴趣和扩大知识面。生僻、多音字做相应注音，原反切、同音、魏妥玛注音，均统一改现代汉语拼音。

封面

长江出版传媒
崇文书局
朱树人译本

提 要

印刷时间
2016 年 5 月 3 印

装帧品相
全 1 册 平装
10 品

开本尺寸
170×240mm

版本来源
网店 京东

购买年月
2016.8

参考时价
11.48 元

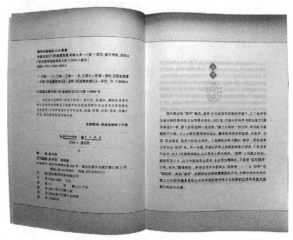

版权页及总序

正文

《徐霞客游记》 译者朱树人，藏本为长江出版传媒崇文书局 2016 年 5 月 3 印（2015 年 6 月 2 版），166 页，121 千字，定价 19.8 元。责编陈中琼、李利霞。收录 15 篇游记，每篇有题解、原文及今译。双色印刷。封面白色布纹纸。

封面

新世界出版社

**新世界出版社
崇贤书院释译本**

印刷时间

2014 年 10 月 1 版 1 印

装帧品相

全 1 册 平装

10 品

开本尺寸

170×245mm

版本来源

网店 京东

购买年月

2016.8

参考时价

22.60 元

提 要

封面及腰封

版权页

　　《徐霞客游记》（化读本）释译者崇贤书院，藏本为新世界出版社 2014 年 10 月 1 版 1 印，381 页，字数 350 千字，定价 32.80 元。属"家藏四库"化读本系列丛书，主编李克。双色印刷，有人物、植物、山水等白描作品入书。

扉页

线装书局

线装书局版

印刷时间
2015 年 2 月 1 版 1 印

装帧品相
全 4 册 (有封套) 平装
10 品

开本尺寸
169×248mm

版本来源
网店 亚马逊

购买年月
2016.5.10

参考时价
69.60 元

提 要

4 册封面

《徐霞客游记》 藏本为线装书局 2015 年 2 月 1 版 1 印，66 万字，印数 1–3000 册，定价 299 元。责任编辑曹胜利。属"国学典藏版"丛书。书前有简短前言。装帧设计李岩。

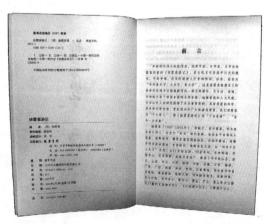

版权页及前言

吉林出版集团有限责任公司

**吉林出版集团
有限责任公司版**

印刷时间
2015 年 8 月 9 印

装帧品相
全 1 册 平装
10 品

开本尺寸
170×230mm

版本来源
网店 京东

购买年月
2016.8

参考时价
15 元

提 要

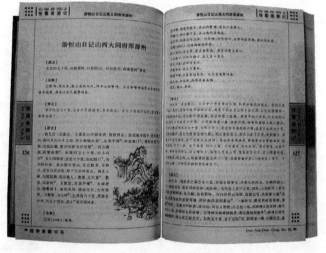

正文

《徐霞客游记》 藏本为吉林出版集团有限责任公司（长春市人民大街 4646 号）2011 年 3 月 1 版 2015 年 8 月 9 印，310 页，330 千字，定价 32.8 元。责编陈璇。属"国学典藏书系"丛书。收录 30 篇游记，包括原文、注释、译文，配有几十幅小图作为装饰。书尾有附录，包含徐霞客身世、版本等 8 个方面的内容。

封面

二十一世纪出版社集团

**二十一世纪
出版社集团版**

印刷时间

2016年2月1版1印

装帧品相

全1册 平装

10品

开本尺寸

184×209mm

版本来源

网店 京东

购买年月

2016.8

参考时价

8.70元

提 要

正文版式

版权页

封面

《徐霞客游记》 藏本为二十一世纪出版社集团（江西省南昌市子安路75号）2016年2月1版1印，87页，80千字，定价12.8元。主编焦金鹏。收录5篇游记，包括原文、注释、译文，原文带拼音，适合小学低年级学生阅读。

新疆美术摄影出版社

新疆
美术摄影出版社版

印刷时间
2016年2月1版1印

装帧品相
全1册 平装
10品

开本尺寸
150×220mm

版本来源
网店 当当

购买年月
2016.11.20

参考时价
22.70元（含10元邮费）

提 要

正文

封面

《徐霞客游记》 藏本为新疆美术摄影出版社（乌鲁木齐市经济技术开发区科技园路7号）2016年2月1版1印，151页，158千字，定价19.80元。属"全民阅读国学普及读本"丛书。

中信出版集团

**中信出版集团
郑培凯 译注本**

....

印刷时间

2016 年 6 月 1 版 1 印

装帧品相

全 1 册 软精装
10 品

开本尺寸

170×230mm

版本来源

网店 京东

购买年月

2016.8

参考时价

33.50 元

提 要

　　《徐霞客游记》 译注及导读郑培凯，藏本为中信出版集团 2016 年 6 月 1 版 1 印，361 页，178 千字，定价 45 元。属"中信国学大典"丛书。双色印刷。

环衬

封面

　　本书为软精装。软精装是一种简易的精装形式，是在白板纸的封面外把护封纸勒口折回，比平装封面厚硬，较精装封面薄软。

　　本书开篇有长文导读《跋涉天涯一奇人》，作者郑培凯。本书收录了 17 篇游记，每篇开头均有导读，正文前有文字地名指示，接着是注释、译文、赏析

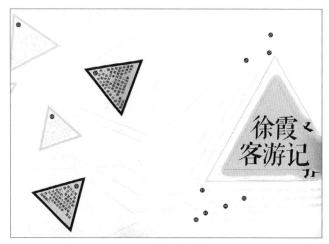

与点评。有数幅古代
绘制的山水图及几
幅山岳名画。书后附
参考资料及名句索
引。该书设计精良，
版式独特，横排竖排
穿插，别具风格。

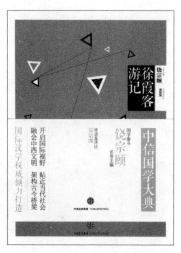

护封及腰封

专 文　　　**中信出版集团版《徐霞客游记》**

　　中信出版集团出版的《徐霞客游记》，是"中信国
学大典"丛书中的一部。该丛书全套50部，是中信出
版集团引进香港中华书局版权的一套风格独特的作品
集，由饶宗颐担任名誉主编，郑培凯撰写《徐霞客游记》
导读及译注。

导读、原著、注释、译文、赏析与点评，另外还有名句索引、插图等，构成本书的特色。而双色印刷、雅致的装帧、考究的用纸及阅读指南，更使本书具有收藏价值。版式设计让人耳目一新：原著文字均以棕色竖排，注释、译文等文字以黑色横排。注重页面留白、行距舒朗、篇首导读字号略小等细节，使阅读者的阅读贯通于舒缓的节奏中。间或有插图出现，也不失为让读者"休息"的一种方式。

本书有以下几个特点：之一，比较重视导读的功能。导读既包括对经典的总体导读，也包括对所选篇章的分篇（节）导读，以及对名段、金句的赏析与点评。导读还介绍相关作品的作者、主要内容等基本情况。

之二，通俗易读是编辑本书的原则之一。简明的注释，直白的译文，加上深入浅出的导读与赏析，希望帮助普通读者读懂经典，并能引发更多的思考和获取更多的知识。

之三，立体互动，无限延伸。配合图书的出版，开设专题网站，增加朗读功能，将图书进一步延展为有声读物，同时增强读者、作者、出版者之间不受时空限制的自由随性的交流互动，在使经典阅读更具立体感、时代感之余，亦能通过读编互动，推动经典阅读的深化与提升。

如果说略显不足，就是竖排版的阅读习惯。本书是简体字版，按照相关出版规定，书籍要从左向右翻阅。那么，阅读本书时便会有不适之感。也许年龄小的读者不会在意吧。总之，能够把文字横、竖排在一页上，看了之后感觉尚好，着实是不错的尝试了。与香港中华书局出版的版本相比，中信版的版式确有大的突破。香港版也是双色，但基本上是中规中矩的繁体竖排形式。

本书是引进香港中华书局的版权，因此其内容与中华书局（香港）有限公司2015年7月出版的《徐霞客游记》相同。（香港版见本书第207页）

中国纺织出版社

**中国纺织出版社
杨敬敬解译本**

印刷时间
2016 年 8 月 1 版 1 印

装帧品相
全 1 册 平装
10 品

开本尺寸
170×240mm

版本来源
网店 当当

购买年月
2016.11.20

参考时价
24 元（含 5 元邮费）

提 要

封面

　　《徐霞客游记全鉴》　解译者杨敬敬，藏本为中国纺织出版社（北京市朝阳区百子湾东里 A407 号楼）2016 年 10 月 1 版 1 印，313 页，228 千字，定价 38 元。属"国学经典全鉴系列"丛书。该版本是一个选本，但其封面上的"全鉴"字样易让读者以为是对全本《游记》的鉴赏。本书由题解、原文、注释、译文及插图组成，与其他普及本差别不大。

第三章

台港地区版本

1964-2015

　　本章收入了 1964 至 2015 年间，台湾地区和香港地区 10 家出版机构出版的《徐霞客游记》17 部。台湾地区三民书局《新译徐霞客游记》，注释及语译皆力求详赡精准，评析部分则以徐霞客及其自然观、艺术观为中心，深入剖析《游记》所揭示的人与自然的关系，不失为一个好的读本。台湾古籍出版有限公司出版的 10 卷本《徐霞客游记》，得到贵州人民出版社授权，这是版权输出的一个范例。而出版普及本《游记》比较成功的例子，当属台湾地区商周出版社出版的全铜版纸、全彩色印刷版。该版本图文并茂，不断再版，大陆的出版社还曾引进其版权。

世界书局

**世界书局
1964 年版**

印刷时间
1964 年 9 月再版

装帧品相
全 2 册 精装
9 品

开本尺寸
135 × 195 mm

版本来源
网店
诗歌和小说书店（上海）

购买年月
2015.11.20

参考时价
244 元（含邮费）

提 要

上下册封面

《徐霞客游记》 藏本为世界书局（台北市重庆南路一段 99 号）1964 年 9 月再版。版权页上没有初版信息，发行人吴开先，565 页，定价 4.4 元。繁体竖排。该版本是以丛书的形式面世的，全称为"中国学术名著第一辑中国史学名著第一二三集合编"。占封面大约四分之一的书脊处采用布质材料，其余部分至裁口为纸质材料。纸、布结合效果不错，解决了纸面精装本书脊与封面结合处易损坏的问题，经久耐用，成本也比布面精装低很多。本书书籍环衬别有特色，上下两册的前环衬用白描"大足龙岗唐宋石刻部位图"装饰，后环衬仍是石刻图案，画面表现的是大足宝顶。均为杨家骆题款钤印。

环衬

世界书局
杨家骆主编本

印刷时间
1992 年 9 月 4 版

装帧品相
全 2 册 精装

开本尺寸
140×194 mm

版本来源
网店
诗歌和小说书店（上海）

购买年月
2015.9.28

参考时价
200 元（含邮费）

提 要

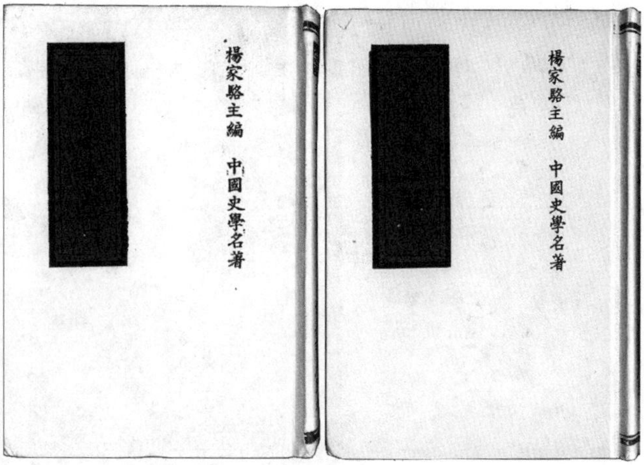

上下册封面

《徐霞客游记》 藏本为世界书局 1992 年 9 月 4
版，主编杨家骆，发行人阎初，565 页。原定价 5.2
元（被一纸条覆盖），又单附一张七八厘米见方的白
纸，上面标明出版社电话等相关信息，与版权页无异，
但价格发生变化，定价为"NT ＄420.00"。繁体竖排。
该书是杨家骆主编的"中国史学名著"（丛书）之一。
黄色漆皮封面上，仿照线装书的样式，左上部在一
竖式红底长方形中，黑色隶书"徐霞客游记上（下）"。
未见护封。

　　本书与 1964 年 9 月再版的开本、页码、字体及
字号一模一样，是同一版型。本书正文与 1999 年 2
月 2 版 1 印如出一辙。不同之处在于，1999 年版的
字号大，且是大 32 开本。

世界书局
1999 年版

提 要

印刷时间
1999 年 2 月 2 版 1 印

装帧品相
全 2 册 平装
10 品

开本尺寸
150×207 mm

版本来源
台中市安雅书店

封面、书脊及封底

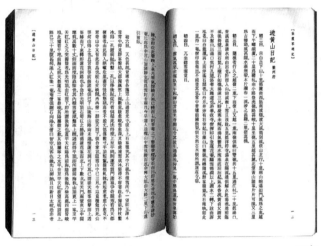

正文

《徐霞客游记》 藏本为世界书局 1999 年 2 月 2 版 1 印，其初版 1 印时间是 1959 年 6 月。发行人阎初，繁体竖排，定价 540 元。

本印次的封面是绿色铺底，手绘暗红色花卉，蓝绿色线条勾勒枝叶。楷体棕红色"徐霞客游记"5

徐霞客游记书影

个字以黄色勾出立体效果。

目次从杨名时的序开始，按部就班，一直到《游记》的补编结束，全书共计 753 页。不过，封底用 325 字介绍了徐霞客及其《徐霞客游记》；上下册 4 个勒口，介绍了世界书局出版的其他 13 部书的名称、撰校者及定价等信息。

本书用纸、印刷及装订等可谓精致，锁线胶装，从出版到今天已经 17 个年头，很是坚固。书籍前后都有双页类似牛皮纸的环衬，一是使书籍挺实，二是与正文纸偏黄的色调得以呼应，恰到好处。上下册书后均有版权页，便于读者翻检查阅。手中几册世界书局版书籍，都是如此，似是其风格，在出版界并不多见。遗憾的是忘记购买时间及价格。

就上述所列世界书局 3 个不同时间出版的《游记》版本，正文版式相同，内容相同。

台湾商务印书馆

**台湾商务印书馆
王云五主编本**

印刷时间
1965 年 11 月台 1 版

装帧品相
全 6 册 平装
9 品

开本尺寸
122×172 mm

版本来源
网店
梅林名古屋（深圳）

购买年月
2012.10.31

参考时价
180 元

提 要

封面　　　　　　　　版权页

　　《徐霞客游记》 藏本为台湾商务印书馆（台北市重庆南路一段 37 号）1965 年 11 月台 1 版。主编王云五，发行人徐有守。属"万有文库荟要"丛书。附丁撰年谱。封面白底青花纹样。

**台湾商务印书馆
刘虎如选注本·1**

印刷时间
1968 年 1 月台 1 版

装帧品相
全 1 册 平装
7 品

提 要

　　《徐霞客游记》 藏本为台湾商务印书馆 1968 年 1 月台 1 版，属"人人文库"丛书，主编王云五，选注者刘虎如，定价新台币 8 元，172 页。书首有王云五 1966 年作《编印"人人文库"序》，阐明文库

徐霞客游记书影

开本尺寸
103×176 mm

版本来源
网店
平源书坊（广州）

购买年月
2016.2.24

参考时价
45元（含5元邮费）

内文有12页的书目广告

的意义和目的，同时也回顾了自己从事出版业40余年的经历，可谓其经历和出版主张的介绍。摘录如下：

　　余弱冠始授英文，为谋教学相长，并满足读书欲，辄广购英文出版物。彼时英国有所谓"人人丛书"（Everyman's Library）者，刊行迄今已逾百年，括有子目约及千种，价廉而内容丰富，所收以古典为主，间亦参入新著。就内容与售价之比，较一般出版物所减过半。其能如是，则以字较小，行较密，能由于古典作品得免对著作人之报酬，所减成本亦多。

　　余自中年始，从事出版事业，迄今四十余年，中断不逾十载。在大陆时为商务印书馆辑印各种丛书，多属廉售之意，如"万有文库"一二集、"丛书集成初编"以及"国学基本丛书"等，其尤著者也。前岁先后辑印"万有文库荟要""丛书集成简编""汉译世界名著甲编"等，一本斯旨。惟以整套发售，固有利于图书馆与藏书家，未必尽适于青年学子也。

　　几经考虑，乃略仿英国"人人丛书"之制，编为"人人文库"，分册发售，定价特廉，与"人人丛书"相若；读者对象，以青年为主，则与前述丛书略异。文库版本为四十开，以新五号字排印……

封面

**台湾商务印书馆
刘虎如选注本·2**

印刷时间
1979 年 2 月台 4 版

装帧品相
全 1 册 平装
10 品

开本尺寸
103 × 176 mm

版本来源
潘家园旧书市（北京）

购买年月
2011.7.23

参考时价
70 元

提 要

封面　　　　　　　　　　　　　　封底

　　《徐霞客游记》　藏本为台湾商务印书馆 1979 年 2 月台 4 版，台 1 版时间为 1968 年 1 月。属"人人文库"丛书，主编王云五，选注者刘虎如，新台币 14 元，172 页。书首有王云五 1974 年作《复刊"人人文库"序》。序中说明"人人文库"从 1966 年始刊，1973 年终刊，成书达 1500 余种。以廉价为主的"人人文库"抵不住纸张价格奇涨，不得已暂停新书印行。尔后对复刊后的价格做了具体的说明。

鼎文书局

鼎文书局
杨家骆主编本

印刷时间
1974 年 12 月初版

装帧品相
全 1 册 精装
9 品

开本尺寸
150×215 mm

版本来源
网拍
dingdou(石家庄)

购买年月
2012.12.2

参考时价
169 元
（含 15 元邮费、5 元中介费）

提 要

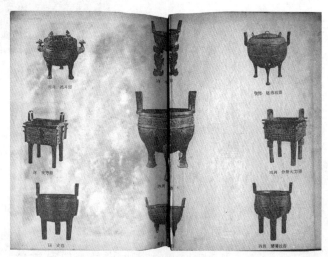

环衬

《丁校本徐霞客游记》 藏本为鼎文书局（台北市中山北路一段 135 巷 37 号）1974 年 12 月初版，959 页，定价 12 元。属"中国学术类编"丛书，主编杨家骆，发行人姜毛元玫。书中有主编者识语、丁撰年谱、万稼轩撰《徐霞客佚文考》等内容。该书把丁文江于 1928 年编的《徐霞客游记》(16 开) 上下册及地图集等 3 册的内容辑录于一书，且是 32 开本。本书是错版，有购买者要求退换的明信片等。

书籍前后印有古代各种鼎图，别有意味，与书局名称相符。此书起拍金额 129 元，最低加价幅度

10元。我收集《游记》十余年，这个版本是第一次看到——尽管它是一个错版，但错版有错版的价值，特别是对我而言，在收集的众多《徐霞客游记》版本中有一个错版，很有意思。该书541至572页（共32个页码）缺漏，而且把509-540页的内容重复放入书中。明信片的落款日期是1975年4月21日，购书者提出是否寄回该书，另换一本。看来，出版社同意了换书的方案。设想该书的身世应是这样的：被寄回出版社后，连同明信片一起被当作出库新书的依据，存放在发行部门的某个角落。若干年后，由于内部调整、搬家等原因，随着一些过时的旧资料将被处理掉。侥幸的是，收购者没有把它归入废纸类，卖给造纸厂化为纸浆，而是将其以旧书刊的名义流入旧书市场。又经过若干时间，该书从台湾地区辗转来到大陆，最终找到归宿——被我珍藏。

文光图书有限公司

文光图书有限公司版

印刷时间
1975 年 4 月初版

装帧品相
全 1 册 平装
8 品

开本尺寸
130 × 186 mm

版本来源
网拍
肥肥书店（湖南郴州）

购买年月
2013.8.31

参考时价
56 元（含 16 元邮费）

提 要

封面

书首徐霞客画像

《徐霞客游记》 藏本为文光图书有限公司 (台北市安东街 388 巷 22 号)1975 年 4 月初版，定价 100 元，特价 70 元（封底印），565 页，发行人陈兆桓。封面黄色印古代松下师徒图。封底有文光标志。

扉页

台湾古籍出版有限公司

台湾古籍出版有限公司朱惠荣等译注本

印刷时间
2002 年 4 月初版 1 印

装帧品相
全 10 册（藏本缺第 1 册）
平装
10 品

开本尺寸
170×228 mm

版本来源
台北诚品书店
（女儿赴台旅行时购买赠送）

获得年月
2011.10

提 要

封面及封底

　　《徐霞客游记》 译注者朱惠荣等，藏本为台湾古籍出版有限公司（台北市和平东路二段339号四楼）2002 年 4 月初版 1 印。发行人杨荣川，编辑谢嘉荣。属"中国古籍大观"丛书。贵州人民出版社授权出版。共 3061 页。封面设计黄国宾。

三民书局

三民书局
黄珅注译本
....

印刷时间
2002 年 4 月初版 1 印

装帧品相
全 3 册 平装
10 品

开本尺寸
170×233 mm

版本来源
网店 当当

购买年月
2015.11

参考时价
432 元

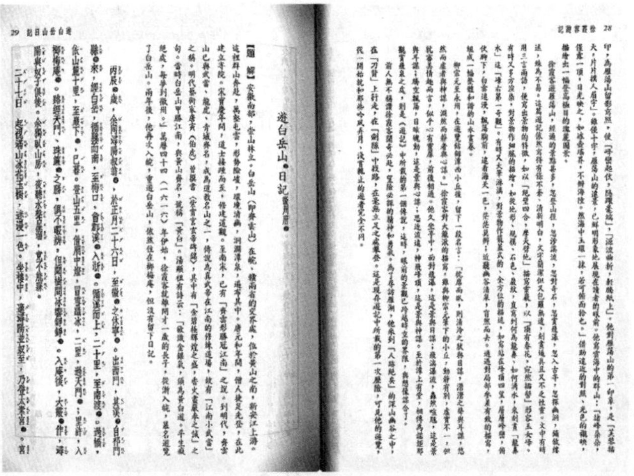

提 要

正文

《新译徐霞客游记》 注译者黄珅，校阅者黄志民，藏本为三民书局（台北市复兴北路 386 号）2002 年 4 月初版 1 印。发行人刘振强，共 2767 页，基本定价 36 元，版权页显示本书有精装版。封面封底全铺蓝绿色，书名反白，金色祥云纹样置于封面上部分，呈倒三角状。卷首有刘振强《刊印"古籍今注新译丛书"缘起》，论述三民书局自创建之始，即怀着注译传统重要典籍的理想，帮助读者打开禁锢于古老历史中的丰沛宝藏。开篇有黄珅撰写的 28000 余字的长篇导读，摘录如下。

大凡自然界的胜景总在幽微险巇、人迹罕至之处，而人间第一奇境，必待第一奇才来领略。徐霞客正是"天留名壤待名人"的最佳写照。徐霞客见险色喜，闻奇必探，浪迹天涯三十年，纵横寰宇数万里，旅游对他来说，不仅是精神的寄托，也是自我实现的完美途径。中国以往的地理著作，大多是记录性、描述性的记游之作，缺乏理论的探讨。徐霞客以他超越时代的远见和思辨能力，对山川地理进行科学考察及综合性的研究。他总结了中国地形地貌、气候变化、植被分布及行政区划的相互关系，并纠正了正史、地志及传说中的讹误，将一生游览观察的经历化为文字，走笔成书，不但规模宏大，博辨详考，遣词用句亦精准流畅，可说是划时代的地理巨著。

这部《新译徐霞客游记》是现代学者将《徐霞客游记》作较全面的呈现，注释及语译皆力求详赡精实，评析部分则以徐霞客及其自然观、艺术观为中心，深入剖析游记中所显示的人与自然的关系。透过作者的带领，读者将对徐霞客寻脉探源的万里长征及其与造化冥合的意境有更透彻的理解。正文分为题解、原文、简图、章旨、注释、语译，每篇结尾都有评析，竖排繁体，正文全部注有拼音，不失为一个好的读本。

封面

　　　　　　　徐霞客游记书影

商周出版社

商周出版社
禾乃译本·1

印刷时间
2005 年 10 月 12 日 5 印

装帧品相
全 1 册 全彩 平装
10 品

开本尺寸
169 × 230 mm

版本来源
中关村第三书局（北京）

购买年月
2006.9.9

参考时价
78.40 元（7 折）

提 要

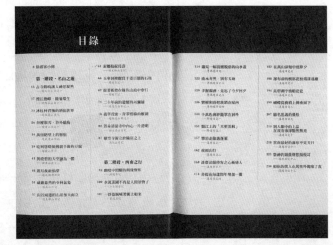

目录

《徐霞客游记》 译者禾乃，藏本为商周出版社（台北市民主东路二段 141 号 9 楼）2005 年 10 月 12 日 5 印，初版于 2005 年 3 月，六七个月里加印 5 次，可见本书很受欢迎。237 页，定价人民币 112 元（新台币定价 280 元）。本书按《游记》全本内容分为 2 个部分：一是名山之游，二是西南之游。主标题为译者拟定，副题则保持与原著相同。全录如下。

第一阶段 名山之游：

1.古寺鹤鸣让人神思凝然——游天台山日记一；

2.烟江叠嶂，险象环生——游雁荡山日记一；

3.冰柱林背后的酒仙世界——游白岳山日记；

封面

4. 谷里寒雪，谷外娇梅——游黄山日记一；

5. 万仞绝壁上的悬棺——游武夷山日记；

6. 吃到慧灯师父亲手做的豆腐——游庐山日记；

7. 与澄碧的天空融为一体——游黄山日记二；

8. 朗月夜祈仙梦——游九鲤湖日记；

9. 威严森然的少林气象——游嵩山日记；

10. 山谷两边的石崖参天而立——游太华山日记；

11. 索椰梅祝母寿——游太和山日记；

12. 玉华洞里观赏千姿百态的石柱——闽游日记一；

13. 提着孤灯在绿色山坞中穿行——闽游日记二；

14. 二十年前的遗憾得以弥补——游天台山日记二；

15. 丛草茂密、青翠碧绿的雁湖——游雁荡山日记二；

16. 置身清凉寺中内心一片澄明——游五台山日记；

17. 悬空寺独立于险崖之上——游恒山日记。

第二阶段　西南之行：

1. 幽暗中闪耀的明珠宝炬——浙游日记；

2. 水流菜圃不再是人间景物了——江右游日记；

3. 一群盗贼喊着冲上船来——楚游日记；

4. 遇见一幅清丽脱俗的山水画——粤西游日记一；

5. 流水杳然，别有天地——粤西游日记二；

6. 手握浊酒，竟忘了今夕何夕——粤西游日记三；

7. 宝檀和尚把我锁在屋内——粤西游日记四；

8. 千万匹薄纱笼罩在洞外——黔游日记一；

9. 盘江上的「天堑云航」——黔游日记二；

10. 攀岩走险遇蓬莱——滇游日记一；

11. 夜雨山行——滇游日记二；

12. 淡斋法师待客之心极感人——滇游日记三；

13. 菩提花每逢闰年增加一瓣——滇游日记四；

14. 在万山深壑中度除夕——滇游日记五；

15. 瀑布前的树影花枝荡漾迷离——滇游日记六；

16. 苴碧湖中渔船泛泛——滇游日记七；

17. 蝴蝶从树梢上倒垂而下——滇游日记八；

18. 顾名思义的飞松——滇游日记九；

19. 别人眼中的上品，在我看来却黯然无光——滇游
日记十；

20. 云南最好的瀑布不见天日——滇游日记十一；

21. 祭神的钟鼓声悠扬悦耳——滇游日记十二；

22. 相依的仆人在万里外抛弃了我——滇游日记
十三。

**商周出版社
禾乃译本·2**

印刷时间
2014 年 4 月 2 版 3 印

装帧品相
全 1 册 平装
10 品

开本尺寸
169×230 mm

版本来源
网店 京东

购买年月
2015.8.10

参考时价
93 元

提 要

《徐 霞 客 游
记》（修 订 版）
藏本为商周出版社
2014 年 4 月 2 版 3
印，其 2 版 1 印时
间是 2010 年 12 月。
237 页， 定价 280
元。

封面

商务印书馆香港分馆

**商务印书馆
香港分馆版**

印刷时间
1975 年 5 月港 1 版 1 印

装帧品相
全 1 册 精装
9 品

开本尺寸
130×192 mm

版本来源
网店 井乐斋（广东江门）

购买年月
2013.4.6

参考时价
159 元（含 5 元邮费）

提 要

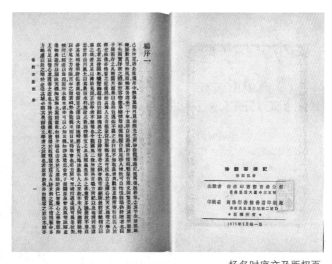

杨名时序文及版权页

封面

《徐霞客游记》 藏本为商务印书馆香港分馆（香港皇后大道中三五号）1975 年 5 月港 1 版，定价港币 15 元，728 页。封面以土黄色为底色，单色山水图，隶书黑色竖排书名。该书系采用民国"万有文库"版本印行，原装分订 6 册，每册面数各自起迄，今合订一册，面数仍旧，约为 728 面。影印原民国版，左开，繁体字竖排，无插图，普通纸印刷。扉页有"时中轩"书斋印一枚。

中华书局（香港）有限公司

中华书局（香港）有限公司郑培凯译注本

印刷时间
2015 年 7 月 1 版

装帧品相
全 1 册 平装
10 品

开本尺寸
205×143 mm

版本来源
网店 京东

购买年月
2016.6

参考时价
88 元（含 5 元邮费）

提 要

《徐霞客游记》译注及导读郑培凯，藏本为中华书局（香港）有限公司（香港北角英皇道 499 号北角工业大厦一楼 B）2015 年 7 月初版，定价港币 118 元，436 页，印数不详。与中信出版集团的版本相同，应该属同一版本，不同的是本书为竖排繁体。属"新视野中华经典文库"丛书。发行为香港联合书刊物流有限公司，印刷为深圳中华商务安全印务股份有限公司。（参见本书第 184 页）

封面

武当梦游，选自《泛槎图全集》，清张宝撰，道光时期羊城尚古斋刊刻

插图

腰封

香港广智书局

香港广智书局
版本·1

印刷时间
不详

装帧品相
全 1 册 精装
8 品

开本尺寸
135×190 mm

版本来源
护国寺旧书市场

购买年月
2008.5

参考时价
80 元

提 要

书首图片

封面

《徐霞客游记》 藏本为香港广智书局（香港威灵顿街 27 号）版。书首有 14 幅照片、1 幅地图、1 幅徐霞客像，照片为单色蓝或赭色。封面为布面豆绿色。版权页记录字数、页数详尽，全书 461000 字，正文 565 页，插图目录等 31 页，共计 596 页。精装定价港币 5 元、平装定价 4 元。版权页上印刷厂的名称、地址、电话俱全，但遗憾无出版时间。封底有标识。

提 要

印刷时间
不详

装帧品相
全 1 册 平装
9 品

开本尺寸
185×130 mm

版本来源
网店 建安书社（广州）

购买年月
2012.2.21

参考时价
56 元（含元邮费）

《徐霞客游记》 藏本为香港广智书局（香港皇后大道西 306 号）版。本书内容同精装本，定价港币 4 元。本版本的版权页仍无出版时间等信息，而书局地址、电话发生了变化，包括印刷厂也由精装本的忠兴印刷厂易为岭南印刷公司。从纸质和陈旧程度看，似民国年间出版。封面主色调为砖红色，461000 字，565 页。封底有标识。

封面

提 要

印刷时间
不详

装帧品相
全 1 册 平装
9 品

开本尺寸
185×130mm

版本来源
网店
志诚书店（北京）

购买年月
2013.11.27

参考时价
32 元（含 4 元邮费）

《徐霞客游记》 藏本为香港广智书局版。版权页还是没有出版时间等信息。该书 565 页，书首有一幅徐霞客像。在豆绿色铺底的封面上以墨绿单色勾勒出一幅中国古代山水画。此本与本书作者收藏的另外 2 册（精、平装）比较，似出版时间较晚。纸张青白，定价 15 元，价格明显高于另 2 册。

封面

第四章

外文版本

1960-2016

　　10 部外文版《徐霞客游记》，语言为英文、法文、韩文、日文和意大利文。其中韩文 7 册为全本，在译本中独树一帜。湖南人民出版社 2016 年 9 月版英译本《游记》，尽管不是全译本，但总字数达 95 万字，据了解是目前外文版《游记》中字数最多的一部。本章还收入鲜为人知的两部作品，一是石听泉（Richard E. Strassberg）的《题写的风景：中国历朝游记》（Inscribed Landscapes: Travel Writing from Imperial China），二是英国学者汪踞廉（Julian Ward）的《徐霞客（1587—1641）：游记文学的艺术》（《Xu Xiake(1587–1641): The Art of Travel Writing》）。

筑摩书房

筑摩书房
三木克已译本

印刷时间
昭和 35 年（1960）
8 月 20 日 1 版 1 印

装帧品相
全 1 册 精装
9.5 品

开本尺寸
182×115mm

版本来源
网拍 溧阳书店（上海）

购买年月
2014.5.14

参考时价
105 元（含 5 元邮费）

提 要

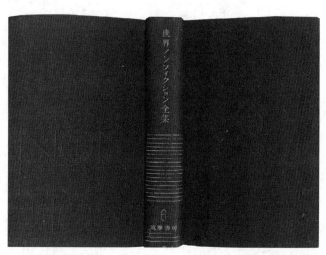

封面、书脊及封底

《世界纪实文学全集》（内含《徐霞客游记》）藏本为日本筑摩书房昭和 35 年 8 月 20 日 1 版 1 印，译者三木克已，定价 290 日元。本书为漆布封面圆脊精装本，外加一个透明塑料薄膜封套，可以取下。书中《游记》的内容是徐霞客游贵州及云南的日记，另有一幅徐霞客行程图。6 页解说，正文 86 页，共计 6 万余字。

扉页

MICHIGAN PAPERS IN CHINESE STUDIES No. 3

**MICHIGAN PAPERS
IN CHINESE STUDIES
No. 3
Li Chi（李祁）译本**

印刷时间
1968 年

装帧品相
全 1 册

开本尺寸
152×223 mm

版本来源
李伟荣提供电子版资料

提 要

《TWO STUDIES IN CHINESE LITERATURE》 作者是李祁（Li Chi），发表在《MICHIGAN PAPERS IN CHINESE STUDIES No. 3》，104 页，语言为英语。出版机构为 The University of Michigan CENTER FOR CHINESE STUDIES (Ann Arbor)。

李祁，字雅愚，湖南长沙人，1902 年生，1913 年到上海入美国教会开办的"中西女塾"，专读英文。1920 年入南京金陵女子大学。1923 年入北京大学。1933 年赴牛津大学攻读硕士学位，主攻英国文学，1937 年学成归国。曾任教于国立湖南大学、蓝田国立师范学院、浙江大学等。1949 年赴台湾大学任教。1951 年赴美。1964 年后担任加拿大英属哥伦比亚大学教授，1972 年以荣休教授退休。

封面

The Chinese University Press

The Chinese University Press
香港中文大学出版社
Li Chi（李祁）译本

印刷时间
1974 年

装帧品相
全 1 册 精装
9.5 品

开本尺寸
235×150mm

版本来源
北京八宝山
博古艺苑旧书市场

购买年月
2010.8

参考时价
370 元

提 要

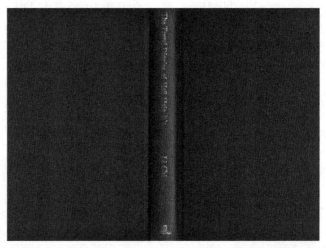

封底、书脊及封面

《The Travel Diaries of Hs ü Hsia-k'o》（《徐霞客游记选译》） 藏本为香港中文大学出版社（The Chinese University Press）1974 年出版，译者李祁（Li Chi），280 页。语言为英语，定价 73.39 美元。本书为漆布封面圆脊精装本，有铜版纸护封。书中收录了 14 篇译文。该译本集解释与翻译于一身，每篇的开始均有背景介绍，然后对该篇游记的基本内容进行翻译，但并未全文翻译。书中有 15 幅英文地图，14 幅山岳白描图。《The Travel Diaries of Hsü Hsia-k'o》（《徐霞客游记选译》）是译者李祁在 1971 年的《寻山如访友》（《The Love of Nature: Hsü Hsia-k'o and his Early Travels》）的基础上完成的，是对后者的扩充。

《寻山如访友》仅翻译了《天台山》《雁荡山》《白岳山》和《武夷山》4 篇游记，而《徐霞客游记选译》则增译了《黄山》《庐山》《九鲤湖》《嵩山》《华山》《太和山》《五台山》《恒山》《衡山》和《楚游日记》等 10 篇游记，从而把代表徐霞客文人旅游特色的 14 篇名山游记都翻译出来了。而且该书还将海外徐学专家张春树的文章《Hsü Hsia-k'o (1587–1641)》作为附录收入。

附：李祁译《寻山如访友》
英文书名：The Love of Nature: Hsü Hsia-k'o and his Early Travels
中文书名：《寻山如访友》
译　　者：李祁（Li Chi）
语　　言：英语
丛书名称：Program in East Asian Studies (Occasional Paper No. 3)
出版机构：Western Washington State College
定　　价：3.00 美元
丛书主编：Henry G. Schwarz
出版时间：1971 年

简介　《寻山如访友》（《The Love of Nature: Hsü Hsia-k'o and his Early Travels》）是李祁选译了《徐霞客游记》的部分日记而成，其中第一、二章分别是"中国人对自然的热爱"和"徐霞客"，由李祁撰写；第三、四、五、六章分别为《天台山》《雁荡山》《白岳山》和《武夷山》，由李祁翻译。中国学界误认为丛书主编 Henry G. Schwarz 撰写了"中国人对自然的热爱"（The Chinese Love of Nature），以至于以讹传讹，误导读者。这部译著是李祁 1974 年出版于香港中文大学出版社的译著《徐霞客游记选译》（《The Travel Diaries of Hsü Hsia-k'o》）的先声。除了前面提到的 4 篇游记之外，李祁还翻译了《黄山》等 10 篇游记，将徐霞客的名山游记大致翻译出来了。（李伟荣）

护封

Gallimard

Gallimard
法国巴黎伽利玛出版社
Jacques Dars
（谭霞客）
译本

提 要

印刷时间
1993 年

装帧品相
全 1 册 平装
9.5 品

开本尺寸
225 × 140mm

版本来源
网店 增城旧书店（成都）

购买年月
2015.8.31

参考时价
105 元（含 5 元邮费）

TANG YIN (Ming)
La passe de Han bloquée par les neiges.

7 JOURNAL D'UNE RANDONNÉE AU MONT JAUNE
Seconde relation
1618[1]; Huangshan, Huizhou, Anhui

Le troisième jour de la première lune de l'an 1618[2], parti de l'ermitage aux Pruniers et Aréquiers du Saint Mont Blanc[3], j'arrive au pont de la Source aux Pêchers[4]. Depuis la droite du petit pont, descente littéralement à pic, qui est l'ancienne route menant au mont Jaune. Dix-sept lis, passé la nuit au Village du Fleuve[5].

Le quatrième jour, quinze lis jusqu'à l'Orée des Thermes[6]; cinq lis jusqu'au temple des Thermes[7] et bain dans l'étang des

1. Rappelons que cette seconde randonnée (*you Huangshan houji*) de Xu Xiake au mont Jaune qu'il aima tant se situe deux ans et demi après la première, en octobre 1618, à une saison propice et aux promenades et aux escalades.
2. Soit l'an 46 de l'ère Wanli des *Ming*, alors que Xu Xiake avait 33 ans.
3. Baiyue Langmei'an, l'ermitage aux Aréquiers et Pruniers du Saint Mont Blanc, c'est-à-dire le Qiyunshan (voir chapitre 3), entre les sous-préfectures actuelles de Xiuning et de Yi, au Anhui ; le mont Blanc se trouve, dans ce massif, à l'est, le mont Qiyun (Egal aux Nues), à l'ouest ; et l'ermitage en question est au flanc oriental du mont Blanc.
4. Taoyuanqiao, le pont de la Source aux Pêchers, est à faible distance au nord-ouest de l'actuelle Xiuning.
5. Jiangcun, le Village du Fleuve, sur la face sud du mont Jaune, c'est l'actuelle Gangcun.
6. Tangkou, l'Orée des Thermes, actuel bourg du même nom (Tangkouzhen), au bas des pentes méridionales du mont Jaune.
7. Tangsi, le « temple des Thermes », est le Xiangfusi, ou temple de l'Amulette, fondé en l'an 6 de l'ère *Xiangfu* (1013) après avoir été sous les Tang du Sud le monastère de la Source Magique (Lingquanyuan), et avant de devenir en 1087 Tangyuan, le monastère des Thermes, puis le temple des Thermes, et d'être laissé à l'abandon sous les Qing. Dans ses environs immédiats se trouvent nombre de beaux sites : Guanyuting, kiosque Où Regarder les Poissons ; Taoyuanting, kiosque de la Source aux Pêchers ; Taohuatan, gouffre aux Fleurs de Pêcher ; Bailongtan, gouffre du Dragon Blanc, etc. Puis, sur le chemin menant, au nord-ouest, vers la passe de la

131

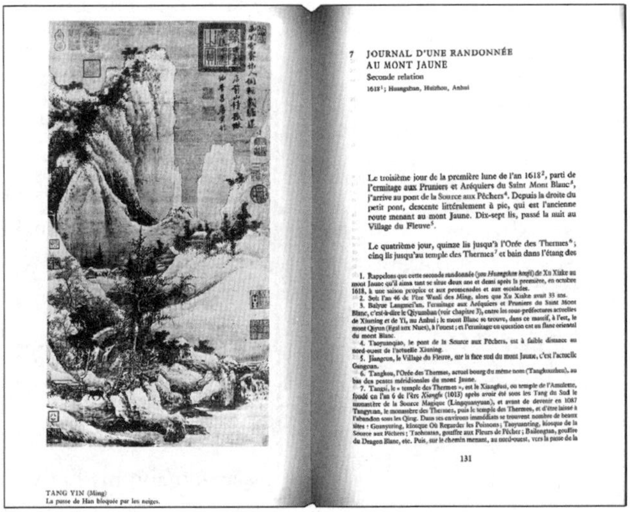

正文

《RANDONNÉES AUX SITES SUBLIMES》（《徐霞客游记选》） 译者 Jacques Dars（谭霞客），藏本为 Gallimard（法国巴黎伽利玛出版社）1993 年版。391 页，插图 29 幅，定价 30.20 欧元，语种为法语。该书是"认识东方"(Connaissance de l'Orient) 丛书的一种。封面覆光膜。谭霞客（1941–2010），法国著名汉学家，原名 Jacques Dars，可音译为雅克·达。因仰慕徐霞客，自己取汉名为"谭霞客"，碰巧与他法文姓名的发音相似，也算是中法文化交流的佳话。

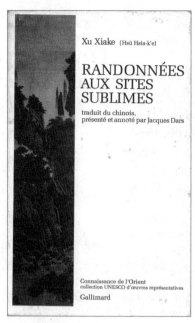

封面

他是著名华裔汉学家、《红楼梦》法文译者李治华（Li Tche-hua）的高足，因翻译《水浒传》（《Au bord de l'eau》，1978）而于1993年获得举世闻名的儒莲奖（Prix Stanislas Julien）。法国教育部汉语总督学白乐桑（Joël Bellassen）称赞谭霞客，认为他是外文译法文的登峰造极者之一，很少有人能超越他。

谭霞客在"序言"中提到他选译《游记》的原因主要在于，《游记》具有高度的文献价值，徐霞客本人的个性讨人喜欢，《游记》表现了不同地方的特性，徐霞客谈及自己的观点时流露出诗意般的魅力，以及徐霞客那简洁、充满文学色彩的表述。而且，谭霞客的翻译及选材深受李祁的影响，因为他认为李祁对徐霞客及其著作有长期研究，其选译的篇目是那些最感人、最成功的名山游日记，完整地保留了《游记》的精华。更值得一提的是，谭霞客还选译了代表徐霞客地学尤其是岩溶地貌考察的日记，认为徐霞客是真正的地质学家，是"世界第一人"。

University of California Press

University of
California Press
Richard E. Strassberg
（石听泉）
译本

·······

印刷时间
1994 年 9 月 20 日

装帧品相
全 1 册

开本尺寸
173 × 254mm

版本来源
李伟荣提供电子版资料

提 要

《INSCRIBED LANDSCAPES: Travel Writing from Imperial China》（《题写的风景：中国历朝游记》） 作者为 Richard E. Strassberg（石听泉），出版社为 University of California Press，语种为英语，489 页。石听泉博士是一位深谙中国文化、沉醉于自然万物之中的学者。他从 1978 年起在加州大学洛杉矶分校亚洲语言与文化系任教，现为中国文学教授。石教授专注于中国明清叙事文学和戏剧，最新的研究兴趣有游记、神话、说梦、插图小说和中国传统园林。他的著作中包括《题写的风景：中国历朝游记》(1994)，《古代中国动物寓言：〈山海经〉中的精怪》(2002) 和《游魂：陈士元的〈梦占逸旨〉》等。在《题写的风景：中国历朝游记》一书中，他翻译了《徐霞客游记》中的《游天台山日记》（《Terrace of Heaven Mountain》）和《游七星岩日记》（《Seven Stars Cavern》）两篇。

封面

Routledge

Routledge
Julian Ward
（**汪躆廉**）
译本

印刷时间
2001 年
（初版于 Curzon）
2013 年
（再版于 Routledge）

装帧品相
全 1 册 平装

开本尺寸
234×156mm

版本来源
李伟荣提供电子版资料

提 要

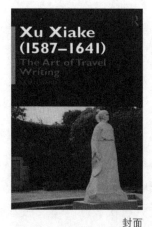

封面　　　　　　　　封底

版权页

《Xu Xiake (1587−1641): The Art of Travel Writing》（《徐霞客（1587−1641）：游记文学的艺术》）出版社为 Routledge，作者为 Julian Ward（汪躆廉），语种为英语，231 页，定价 195 美元。英国学者汪躆廉对《徐霞客游记》发生兴趣，源于他 1988 年在云南过年时，无意中在街上看到这部书，发现他去过书中提到的一些地方，就购买了这部书。不过，他 1990 年从爱丁堡大学毕业后才开始阅读这部书，从而直接导致了他于 1996 年完成题为《徐霞客游记的文学和哲学分析》（《An Analysis of Literary and Philosophical Aspects of the Travel Diaries of Xu Xiake (1587−1641)》）的博士论文。博士论文经过不断修订，便成了目前的这部著作。

上海外语教育出版社

上海外语教育出版社
卢长怀、贾秀海译本

印刷时间

2011 年 1 月 1 版 1 印

装帧品相

全 1 册 平装
9 品

开本尺寸

237×167 mm

版本来源

网店
湘京书屋（北京）

购买年月

2014.11.3

参考时价

35 元（含 5 元邮费）

提 要

　　《英译徐霞客游记》（汉英对照） 译者卢长怀、贾秀海，藏本为上海外语教育出版社（上海外国语大学内）2011 年 1 月 1 版 1 印，319 页，284 千字，定价 55 元，属"外教社中国文化汉外对照丛书"。本书选译《游记》中的 17 篇名山游记，遵照原文，不做任何删改，尽可能保持作品原貌。每篇名山游记都配有一幅该景观的剪影图。前言中就《游记》在国外的传播作了介绍："迄今为止所能发现的比较具有代表性的英文版本有美国普林斯顿大学 1990 年出版的英译本，译者 Robert Curtius；以及我国香港中文大学出版的《徐霞客游记》英译本，译者李祁。"该书前言称"他（指徐霞客——本书著者著）首先从家乡江阴出发，以宁海的天台山作为出游的第一站"，不妥。两位译者均为上世纪 60 年代出生，从教于东北财经大学。

封面

Biblioteca Universale Rizzoli

Biblioteca Universale
Rizzoli
意大利里佐利出版社
Giovanna Baccini 译本

印刷时间
不详

装帧品相
全 1 册 平装

版本来源
卡萨奇
（意大利驻上海总领事馆）
提供资料

提 要

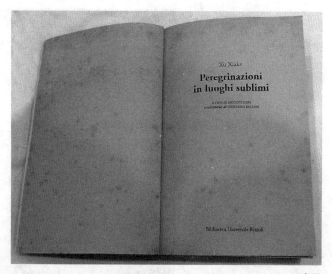

扉页

封面

《Xu Xiake： Peregrinazioni in Luoghi Sublimi》
（《徐霞客：在壮美的地方旅游》）语言为意大利语，译者为 Giovanna Baccini，转译自谭霞客（Jacques Dars）的《徐霞客游记》法译本。译者认为，《徐霞客游记》既是一部游记日记，也是一部散文诗，富于乐感，表现了山、水、孤独和徘徊等不同的主题。（李伟荣）

封底

Somyang

Somyang
金垠希（김은희）
李珠鲁（이주노）
译本

印刷时间
2011 年

装帧品相
全 7 册 精装

开本尺寸
230×160 mm

版本来源
马莉提供资料
李伟荣等译

提 要

图片及扉页

封面

《서하객유기》（《徐霞客游记》） 译者金垠希（김은희）、李珠鲁（이주노），出版社为 Somyang，语种为韩语，3174 页，定价 27000 韩元。出版人朴成模。本书为精装本且带有护封，获得 2005 年度韩国教育人力资源部学术研究项目建设基金及 2011 年韩国研究财团资助。译者在译者序中指出，徐霞客（原名徐宏祖）是明朝末期杰出的文人、地理学家、旅行家和探险家，是屈指可数的世界文化名人之一。《徐霞客游记》是徐霞客走遍全国，游历名山大川，将亲眼所见和亲身经历如实记载下

书首图片

版权页及徐霞客画像

来的成果。这份游历记录以日记形式将风景和重要的内容按纲目叙述，具有游记文学的风格。它还对各地的山川和地形进行了客观的记述，继承了地理志的传统。同时它也反映了当时的政治、经济、社会、文化以及生活状况。徐霞客在30多年间游历中国各地，并用日记的形式记录下来。每次游历的时间短则半月有余，长则超过三年。徐霞客将有限的旅程

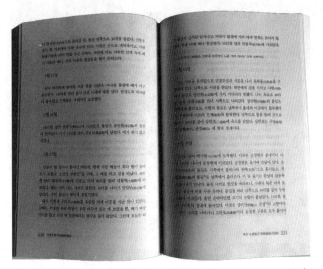

正文

以及当时的亲眼所见和亲身体会，真实地记在日记里。在游历过程中，徐霞客会把几天的行程一次记录下来，游历结束后再进行完善和整理。现在，虽然据称游记日记多达 60 余万字，但在徐霞客去世之后流传下来的抄写本有 20 余万字或遗失或随风而逝。译者也指出，这部著作代表了游记文学的最高成就，是一本反映了明末社会面貌的百科全书。

译者金垠希，毕业于梨花女子大学中文系，获首尔大学文学博士学位，现任全北大学人文学院中文系教授，主要翻译著作有《新女性的发声》《历史上的司马迁之魂》等。另一位译者李珠鲁，毕业于首尔大学中文系，获首尔大学文化博士学位，现任全南大学人文学院中文系教授，主要发表的论文有《鲁迅的〈狂人日记〉中文学的时间、空间研究》《王蒙的小说中文学的空间研究》等，著作有《中国现代文学系的会面——中国现代文学的人文分支》（合著）、《中国维新运动之光——梁启超》（合著）等。

封底

徐霞客游记书影

湖南人民出版社

湖南人民出版社
李伟荣、卢长怀、
贾秀海译本

印刷时间
2016 年 9 月 1 版 1 印

装帧品相
全 2 册 精装

开本尺寸
240 × 160 mm

版本来源
2016.12
李伟荣提供电子版资料

提 要

《徐霞客游记》（汉英对照） 译者李伟荣（湖南大学）、卢长怀（东北财经大学）和贾秀海（东北财经大学），藏本为湖南人民出版社（长沙市营盘东路 3 号）2016 年 9 月第 1 版第 1 次印刷，904 页，95 万字，定价 180 元，印数 1000 册。属"大中华文库"丛书。依据的底本是朱惠荣译注、中华书局出版的《徐霞客游记》（属"中华经典藏书书系"丛书）。该译本不是全译本，主要包括 17 篇名山游记、徐霞客对地理地貌的考察、反映他传奇经历的篇章、学术札记（如《黄草坝札记》和专篇论文《溯江纪源》），以及外国学者感兴趣而暂时没有译文的一些篇章（如《近藤诸彝说略》和《丽江纪略》）等。本译本试图较为完整地保留《游记》的体例及较为全面地阐述其学术价值。

封底、书脊及封面

第五章
连环画版本
1980-2012

利用连环画的艺术形式表现徐霞客的行旅生活，始于 1980 年 9 月陕西人民美术出版社出版发行的《徐霞客》。接下来的 30 余年间，有 9 部不同形式的连环画问世，其表现手段包括白描画、电影剧照及漫画等。

陕西人民美术出版社

陕西人民美术出版社
钟为编绘本

印刷时间
1980 年 9 月 1 版 1 印

装帧品相
全 1 册 平装
7 品

开本尺寸
125×90mm

版本来源
网拍
旧书屋（洛阳）

购买年月
2009.11.3

参考时价
6 元（含 3 元邮费）

提 要

封面

正文

　　《徐霞客》（连环画）　藏本为陕西人民美术出
版社（西安北大街 131 号）1980 年 9 月 1 版 1 印，
编绘钟为，封面画绘者李世南，35 页，印数 88000 册，
定价 0.13 元。

中国旅游出版社

中国旅游出版社
张全玲、江皓绘图本

印刷时间
1981 年 12 月 1 版 1 印

装帧品相
全 1 册 平装
9 品

开本尺寸
125×90mm

版本来源
网店
陶然居书店（福州）

购买年月
2012.4.12

参考时价
15 元（含 5 元邮费）

提 要

封面

《旅行家徐霞客》（连环画） 藏本为中国旅游出版社（北京东长安街 6 号）1981 年 12 月 1 版 1 印，编文纪流，绘图张全玲、江皓，127 页，印数 360000 册，定价 0.22 元。

河北人民出版社

河北人民出版社
高同宝图画本

印刷时间
1982 年 3 月 1 版 1 印

装帧品相
全 1 册 平装
8 品

开本尺寸
125 × 90mm

版本来源
网店
新时代书店（长春）

购买年月
2009.12.20

参考时价
10 元（含 5 元邮费）

提 要

封面

　　《徐霞客》（连环画）　藏本为河北人民出版社（石家庄市北马路 19 号）1982 年 3 月 1 版 1 印，文字编辑张建辉，图画编辑高同宝，封面图尹庆方，114 页，印数 340000 册，定价 0.16 元。

版权页

海南国际新闻出版中心

海南国际新闻出版中心
方正等绘图本

提 要

印刷时间
1996 年 2 月 1 版 1 印

装帧品相
全 1 册 平装
8 品

开本尺寸
138×204mm

版本来源
网店
诗礼书屋（马鞍山）

购买年月
2012.12.16

参考时价
11 元（含 5 元邮费）

封面

　　《大旅行家徐霞客》 藏本为海南国际新闻出版中心（海口南航路侨企大厦 B 座 6 楼）1996 年 2 月 1 版 1 印，编文蔡镝，绘图方正等，共 244 幅图，定价 5.8 元。

中国华侨出版社

**中国华侨出版社
陈锡良绘图本**

印刷时间
1996年10月1版1印

装帧品相
全1册 平装
8.5品

开本尺寸
131×187mm

版本来源
网店
云南万卷书坊（昆明）

购买年月
2014.9.20

参考时价
28.70元（含10元邮费）

提 要

封面

　　《千古奇人徐霞客》 藏本为中国华侨出版社
1996年10月1版1印，247页，44千字，印数5000册，
编者童渝、陈锡良，绘者陈锡良，共120幅图，定价8.6
元。该绘本的特点是一事配一图，如徐霞客游庐山，
文字介绍徐游庐山的时间、同行人、所考察的景观等。

中国电影出版社

中国电影出版社
刘枫棣摄影本

印刷时间
1998年1月1版1印

装帧品相
全1册 平装
10品

开本尺寸
125×90mm

版本来源
网店
书贩子书店（南宁）

购买年月
2014.2.20

参考时价
25元（含5元邮费）

提 要

封面

《徐霞客传奇》（电影连环画） 藏本为中国电影出版社（北京北三环东路22号）1998年1月1版1印，125页，印数5000册，定价3.3元。编剧李云飞、杜云萍，导演杜云萍，摄影刘枫棣，连环画改编石奂，封面设计林沂、郭洪海。

扉页

贵州人民出版社

贵州人民出版社
童渝、徐和明主编本

印刷时间
2007 年 9 月 1 版 1 印

装帧品相
全 2 册 精装
10 品

开本尺寸
210×145mm

版本来源
2007 年纪念徐霞客诞辰
420 周年大会组委会赠送

提 要

上下册封面

　　《游圣徐霞客》（连环画） 藏本为贵州人民出版社 2007 年 9 月 1 版 1 印，主编童渝、徐和明，758 页，500 千字，印数 5000 册，定价 128 元。中国连环画的历史悠久，不乏优秀之作，但像《游圣徐霞客》这部连环画这样的出法，可谓凤毛麟角。出版于 2007 年的这部共 14 册的连环画，是为了纪念徐霞客诞辰 420 周年。编委会聚集了当时徐学界的专家和学者，从江阴发起。朱惠荣、黄实和周艾若 3 位徐学界领军人物作为特邀顾问，名至实归。书前朱惠荣有序，道出出版这部作品的初衷。他说，为青少年朋友提供一部高质量的有关徐霞客的普及读物，是大家多年

的愿望。早在 1982 年，著名经济学家于光远就提出出版《徐霞客画传》的建议。这些年对徐霞客的研究和介绍越来越多，但广大青少年能接触到的东西却太少。大家决心把有关成果介绍给青少年，最好的形式当然是连环画。认识徐霞客不能无图，了解徐霞客不能无文，图文并茂，生动活泼，让徐霞客的生活和他步量目测的盛景、边隅都展现在读者面前，简明的文字又可起到画龙点睛的作用。反映徐霞客游览某山、某地的抽样式的组画不难，但江阴的朋友立下大志，要把徐霞客的一生都通过画幅表现出来，包括徐霞客的家世、后人对他的敬仰和怀念等。

这是一部大型系列连环画，有近 1500 幅画，堪称洋洋大观。作为大型连环画画册，也考虑到了该书的系统性，其内容基本依《徐霞客游记》的体系和时间顺序编排，但为了叙述和阅读的方便，对某些局部内容适当调整、归并，进行了整合；对原书缺失的内容，根据考证成果补入。基本按省分篇，有的省内容较多，为避免杂乱，又提炼为若干专题，各专题之间通过文字衔接，浑然一体。

江苏省江阴市徐霞客研究会副会长兼秘书长唐

汉章作后记。他说，60多万字的《游记》，一般人不易读懂；近些年虽有《徐霞客游记》的校注本等版本出版，但对于青少年来说阅读起来还是有一定难度。因而编一部图文并茂、通俗易懂的《游记》连环画，同时也为徐霞客作传，很有必要。要把浩浩巨著以连环画的形式体现出来并非易事，江阴徐学研究的同仁们始终未忘于光远先生的心愿，决心来做这件事情。事情是由江阴霞客书画社社长徐和明先生首先提出来的。徐和明与徐霞客同为梧塍徐氏后裔，对徐霞客充满敬意，这些年陆续做了些宣传徐霞客的事情。2006年8月，在江阴文庙召开第一次筹备会，会议就画传的形式、内容、版式等进行了周密的策划，并达成共识：一、《游圣徐霞客》画传文字编写以上海古籍出版社出版的《徐霞客游记》为依据；二、画传篇目按《游记》编排顺序分为名山篇、福建篇、浙江篇、江西篇、湖南篇、广西篇、贵州篇、云南篇，为让读者在阅读时对徐霞客祖上和其在家乡的活动情况有个总体了解，接受徐学专家、云南大学教授朱惠荣的建议，增加了《游记》中没有的"家乡篇"，这样整个画传共分9个篇章（平装本分14册，精装本分上下册），文稿分别由云南文明元，浙江朱睦卿，无锡蒋明宏，邬秋龙，江阴田柳、刘湘和、唐汉章撰写；三、画稿请专业连环画家绘制，以确保图画质量；四、经费来源寻求社会各界的支持与资助；五、出版时间为2007年10月，向在北京举行的徐霞客诞辰420周年纪念大会献礼。

平装（14册）于2008年4月亦由贵州人民出版社出版发行，定价68元，内容与精装本相同。

云南出版集团公司
云南美术出版社

云南出版集团公司
云南美术出版社
范敏绘本

印刷时间
2012 年 7 月 1 版 1 印

装帧品相
全 1 册 平装
10 品

开本尺寸
120×120mm

版本来源
网店
读来读去书店（昆明）

购买年月
2016.11.14

参考时价
13 元（含 8 元邮费）

提 要

《漫画徐霞客滇游记》 藏本为云南出版集团公司云南美术出版社 2012 年 7 月 1 版 1 印，范敏绘，412 页，印数 3000 册，定价 18 元。封面有"用漫画破译 400 年前的秘境云南"及"中国首部全手绘"等宣传语。这部漫画式的连环画的确很新颖，开本为 48 开，方方正正，再加上 400 多页的厚度，别具一格。绘画技法生动有趣，在漫画技法的统领下混揉了素描、速写等绘画方法，有钢笔画细致的画面，还有炭笔画粗放的画幅，给读者以轻松愉悦的感受。正文小标题也"吸睛"："师宗·惊魂之夜""罗平·军营一夜""罗平·山神怪罪""论三省山水的异同""志书有云""曲靖·胆小不是徐霞客""曲晴·沐英大破达里麻"等。妙趣横生。文中不时出现徐霞客滇游路线图，让人跟着徐霞客滇游"不迷路"。

《漫画徐霞客滇游记》把那些体现徐霞客敢为人先、勇于冒险的行动提炼出来，在保持《游记》原汁原味的基础上，采用现代小说和电影的艺术手法加以组织、整合，这样，一个血肉丰满的徐霞客的形象就展现出来了。

扉页

封面

第六章
部分馆藏本
名录

1644-2012

　　在这章中,辑录的是部分图书馆馆藏的110部《徐霞客游记》名录。除浙江师范大学的5册(1函)本是2012年北京国家图书馆出版社出版发行的宣纸影印本外,余下的均为清至民国年间的版本,时间跨度达368年,包括抄本、活字本、刻本、石印本及铅印本等。这不是《游记》版本的全部,但基本涵盖了从清到民国年间以不同形式出版的《游记》版本。未与原书核准,仅供参考。

全国古籍普查登记基本数据库《徐霞客游记》名录

序号	书名及卷数	著作者	出版信息	版本类别	数量	馆藏	典藏号
1	徐霞客游记十二卷	[明]徐弘祖撰	清	抄本	10册	国家图书馆	110000-0101-0004865 05152
2	徐霞客游记不分卷	[明]徐弘祖撰	清鲍氏知不足斋	抄本	5册	国家图书馆	110000-0101-0010673 11031
3	徐霞客四游记五卷	[明]徐弘祖撰	清	抄本	5册	国家图书馆	110000-0101-0012836 13232
4	徐霞客游记十卷外编一卷	[明]徐弘祖撰	清乾隆四十一（1776）年江阴徐镇	刻本	10册	国家图书馆	110000-0101-0041790 FGFZ 地 800/785
5	徐霞客游记十卷外编一卷	[明]徐弘祖撰	清乾隆四十一年	刻后印本	10册	国家图书馆	110000-0101-0041791 FGFZ 地 800/785　1
6	徐霞客游记十卷外编一卷	[明]徐弘祖撰	清乾隆四十一年	刻后印本	16册	国家图书馆	110000-0101-0041792 FGFZ 地 800/785　1/部二
7	徐霞客游记十卷外编一卷补编一卷	[明]徐弘祖撰 [清]叶廷甲补编	清乾隆四十一年江阴徐镇刻 嘉庆十三年（1808）江阴叶廷甲水心斋增刻本	刻本	10册	国家图书馆	110000-0101-0041793 FGFZ 地 800/785　2
8	徐霞客游记十卷外编一卷补编一卷	[明]徐弘祖撰 [清]叶廷甲补编	清乾隆四十一年江阴徐镇刻 嘉庆十三年江阴叶廷甲水心斋增刻本	刻本	20册	国家图书馆	110000-0101-0041794 FGFZ 地 800/785　2/部二

徐霞客游记书影

序号	书名	作者	版本	印本	册数	收藏单位	索书号
9	徐霞客游记十卷外编一卷补编一卷	[明]徐弘祖撰 [清]叶廷甲补编	清乾隆四十一年江阴徐镇刻嘉庆十三年江阴叶廷甲水心斋增刻本	刻本	10册	国家图书馆	110000-0101-0041795 FGFZ 地 800/785 2/部三
10	徐霞客游记十卷外编一卷补编一卷	[明]徐弘祖撰 [清]叶廷甲补编	清乾隆四十一年江阴徐镇刻嘉庆十三年江阴叶廷甲水心斋增刻本	刻本	8册 存八卷(一至八)	国家图书馆	110000-0101-0041796 FGFZ 地 800/785 2/部四
11	徐霞客游记十卷外编一卷补编一卷	[明]徐弘祖撰 [清]叶廷甲补编	清光绪七年(1881)瘦影山房	木活字印本	10册	国家图书馆	110000-0101-0041797 FGFZ 地 800/785 3
12	徐霞客游记十卷外编一卷补编一卷	[明]徐弘祖撰 [清]叶廷甲补编	清光绪七年瘦影山房	木活字印本	12册	国家图书馆	110000-0101-0041798 FGFZ 地 800/785 3/部二
13	徐霞客游记十卷外编一卷补编一卷	[明]徐弘祖撰 [清]叶廷甲补编	清光绪七年瘦影山房	木活字印本	10册	国家图书馆	110000-0101-0041799 FGFZ 地 800/785 3/部三
14	徐霞客游记十卷外编一卷补编一卷	[明]徐弘祖撰 [清]叶廷甲补编	清光绪七年瘦影山房	木活字印本	12册	国家图书馆	110000-0101-0041800 FGFZ 地 800/785 3/部四
15	徐霞客游记十卷外编一卷补编一卷	[明]徐弘祖撰 [清]叶廷甲补编	清光绪七年瘦影山房	木活字印本	10册	国家图书馆	110000-0101-0041801 FGFZ 地 800/785 3/部五
16	徐霞客游记十卷外编一卷补编一卷	[明]徐弘祖撰 [清]叶廷甲补编	清末图书集成局	铅印本	8册	国家图书馆	110000-0101-0041802 FGFZ 地 800/785 4
17	徐霞客游记	[明]徐宏祖撰	清嘉庆十三年叶氏	刻本	20册	首都图书馆	110000-0102-0006090 甲二/592 史部/地理类/游记/唐至明
18	霞客游记十二卷附补编	[明]徐宏祖撰	清光绪七年瘦影山房	木活字印本	10册	首都图书馆	110000-0102-0008085 乙二/596 史部/地理类/游记/唐至明

序号	书名	著者	版本		册数行款	馆藏	索书号
19	徐霞客游记	[明] 徐宏祖撰	清光绪七年瘦影山房	刻本	10 册	首都图书馆	110000-0102-0010319 丙二/15 史部/地理类/游记/唐至明
20	徐霞客游记二十卷	[明] 徐宏祖著	清光绪三十四年（1908）集成图书公司	铅印本	8 册	首都图书馆	110000-0102-0012032 丙二/4530 史部/地理类/游记
21	徐霞客游记十卷	[明] 徐宏祖撰 [明] 徐（李）季孟良等编校 游记补编一卷 [清] 叶挺甲辑	清光绪七年瘦影山房	活字本	12 册 十行二十三字 黑口四周单边	天津图书馆	120000-0301-0002287 S2184
22	徐霞客游记十卷	[明] 徐宏祖撰辑 [明] 徐（李）季孟良等编	清乾隆四十一年徐镇	刻本	10 册 十行二十三字 黑口左右双边	天津图书馆	120000-0301-0007064 S7701
23	游记十卷	[明] 徐宏祖撰 [明] 徐（李）季孟良等编校游记补编一卷 [清] 叶挺甲辑	清乾隆四十一年徐镇刻 清嘉庆十三年叶氏水心斋补刻本	刻本	20 册 十行二十三字 细黑口左右双边	天津图书馆	120000-0301-0007065 S7702
24	徐霞客游记十三卷补编一卷	[明] 徐宏祖撰	清光绪三十四年集成图书公司	铅印本	8 册	天津图书馆	120000-0301-0008832 P1795
25	徐霞客游记不分卷	[明] 徐宏祖撰	清末图书集成局	铅印本	8 册	天津图书馆	120000-0301-0008833 P1797
26	徐霞客游记十卷	[明] 徐宏祖撰	清光绪七年瘦影山房	大活字印本	10 册 十行二十三字 黑口四周单边	南开大学图书馆	120000-0341-0006121 690.3/946-5

序号	书名	撰者	出版	版本	册数/行款	藏馆	索书号
27	徐霞客游记十卷外编一卷补编一卷	[明]徐宏祖撰 [清]叶廷甲补编	清光绪七年瘦影山房	木活字印本	16册	天津师范大学图书馆	120000-0342-0004993 5012
28	霞客游记十卷附编一卷补编一卷	[明]徐宏祖著 [明]徐(李)寄辑 [清]叶廷甲补编	清嘉庆十三年水心斋 叶氏	刻本	12册	天津博物馆	120000-0381-0001151 812
29	游记十册	[明]徐宏祖撰 游记续编 [清]叶廷甲辑	清光绪三十四年集成图书公司	排印本	8册	内蒙古自治区图书馆	150000-0601-0003607 53940 史部/地理类/游记之属/记胜
30	游记十册	[明]徐宏祖撰 游记续编 [清]叶廷甲辑	清光绪三十四年集成图书公司	排印本	8册	内蒙古自治区图书馆	150000-0601-0003608 84601 史部/地理类/游记之属/记胜
31	徐霞客游记十二卷	[明]徐宏祖撰	清光绪三十四年集成图书公司	铅印本	8册	黑龙江省图书馆	230000-0901-0004554 C103514-21
32	霞客游记十卷外编一卷补编一卷	[明]徐宏祖著 [清]叶廷甲补编	清光绪七年瘦影山房	木活字印本	12册 十行二十三字 细黑口四周单边	陕西省图书馆	610000-1001-0004866 0001631
33	霞客游记十卷外编一卷	[明]徐宏祖撰 游记补编一卷 [清]叶廷甲辑	清嘉庆十三年江阴叶廷甲水心斋	刻本	10册 十行二十三字 小字双行二十三字 上下黑口四周单边	陕西省图书馆	610000-1001-0011455 001351
34	霞客游记十卷外编一卷	[明]徐宏祖撰 游记补编一卷 [清]叶廷甲辑	清嘉庆十三年江阴叶廷甲水心斋	刻本	10册 十行二十三字 小字双行二十三字 上下黑口四周单边	陕西省图书馆	610000-1001-0011456 0013519
35	霞客游记十三卷	[明]徐宏祖撰	清光绪七年瘦影山房	刻本	10册 十行二十三字 上下黑口四周单边	陕西省图书馆	610000-1001-0014445 0018701

序号	题名	著者	版本	版别	册数	收藏单位	索书号
36	游记十二卷	[明]徐宏祖撰	清乾隆四十年（1775）徐镇豫涌庄刻 嘉庆十三年叶氏水心斋校朴本	刻本	10 册	青海省图书馆	630000-1301-0003493 05406
37	游记十三卷补编一卷	[明]徐宏祖撰 [清]叶廷甲辑	清嘉庆十三年	刻本	10 册	新疆维吾尔自治区图书馆	650000-1401-0002166 53670
38	徐霞客游记十三卷	[明]徐宏祖撰	清嘉庆十三年水心斋（斋）叶氏	刻本	20 册	新疆维吾尔自治区图书馆	650000-1401-0002274 53825
39	徐霞客游记不分卷	[明]徐宏祖撰	清光绪三十四年	铅印本	8 册	新疆维吾尔自治区图书馆	650000-1401-0003267 60385
40	徐霞客游记十二卷（外编、补编）缺二编	[明]徐宏祖著	清光绪七年瘦影山房	刻本	8 册	新疆大学图书馆	650000-1441-0003452 普 70-2/3-6
41	徐霞客游记十卷外编一卷补编不分卷	[明]徐宏祖撰 [明]徐（李）寄辑	清光绪七年瘦影山房	刻本	10 册	中国科学院新疆分院文献信息中心	650000-1461-0000386 史 00204
42	徐霞客游记十卷外编一卷补编不分卷	[明]徐宏祖撰 [明]徐（李）寄辑	清光绪七年瘦影山房	刻本	10 册	中国科学院新疆分院文献信息中心	650000-1461-0000473 史 00290
43	霞客游记不分卷	[明]徐宏祖撰	清光绪七年瘦影山房	铅印本	10 册	中国科学院新疆分院文献信息中心	650000-1461-0001773 100127

序号	书名	撰者	时代/版本	版本类型	册数	收藏单位	索书号
44	徐霞客游记大观十二卷存一卷（十二）	[明]徐宏祖撰	清	石印本	1册	新疆社会科学院图书馆	650000-1464-0000394 L93
45	徐霞客游记十卷补编一卷	[明]徐宏祖撰 [清]叶廷甲补编	清光绪三十四年集成图书公司	铅印本	8册	金陵图书馆	320000-1602-0001570 A000004117
46	徐霞客游记十卷补编一卷	[明]徐宏祖撰 [清]叶廷甲辑	清嘉庆十三年叶廷甲水心斋增刻本	刻本	20册	金陵图书馆	320000-1602-0002621 A000100797
47	徐霞客游记十二卷	[明]徐弘祖撰	清光绪三十四年图书集成局	铅印本	8册	常州市图书馆	320000-1607-0001317 204169
48	徐霞客游记十卷	[明]徐弘祖撰补编一卷编一卷 [明]叶廷甲辑	清光绪七年摹影山房	活字印本	10册	常州市图书馆	320000-1607-0003194 P3-289
49	徐霞客游记十二卷	[明]徐弘祖撰	清嘉庆十三年	刻本	8册	常州市图书馆	320000-1607-0003559 3577
50	徐霞客游记十卷	[明]徐宏祖撰 外编一卷补编一卷 [清]叶廷甲补编	清嘉庆二十年（1815）江阴叶氏水心斋	刻本	10册	福建省图书馆	350000-2001-0005394 929.029/393-6
51	徐霞客游记十卷外编一卷补编一卷	[明]徐宏祖撰	清光绪三十四年上海集成图书公司	铅印本	8册	福建省图书馆	350000-2001-0011833 929.029/393
52	徐霞客游记十二卷	[明]徐宏祖撰	清初	钞本	12册	湖南图书馆	430000-2401-0014011 291.6/2
53	徐霞客游记不分卷	[明]徐宏祖撰 [清]李寄辑	清嘉庆十三年	刻本	9册 缺册二	湖南图书馆	430000-2401-0014012 296.8/28-3

54	徐霞客游记不分卷	[明]徐宏祖撰 [清]李寄辑	清嘉庆十三年	刻本	10 册	湖南图书馆	430000-2401-0014013 296.8/28-3（1）
55	徐霞客游记不分卷	[明]徐宏祖撰 [清]李寄辑	清光绪七年搜影山房	刻本	10 册	湖南图书馆	430000-2401-0014014 296.8/28-2
56	徐霞客游记不分卷	[明]徐宏祖撰 [清]李寄辑	清光绪七年搜影山房	刻本	10 册	湖南图书馆	430000-2401-0014015 296.8/28-2（1）
57	霞客游记十卷外编一卷增补一卷	[明]徐宏祖撰	清嘉庆十三年刻本	刻本	10 册	湖南省社会科学院图书馆	430000-2461-0002433 367／1
58	游记十卷外编一卷补编一卷、存十至十下、（游记二下至十下、补编一卷）	[明]徐宏祖撰 [清]叶廷甲补编	清末	铅印本	7 册	贵州省图书	520000-2801-0002481 3890
59	游记十卷	[明]徐宏祖著	清	铅印本	20 册	贵州省图书	520000-2801-0004334 6383
60	霞客游记十卷外编一卷补编一卷	[明]徐宏祖著 [清]李寄辑 [清]叶廷甲补编	清嘉庆十三年	刻本	10 册	贵州省图书	520000-2801-0005956 09411
61	霞客游记十卷补编一卷	[明]徐宏祖撰	清嘉庆十三年水小斋叶氏	刻本	10 册	重庆大学图书馆	500000-8743-0000116 0116

来源：全国古籍普查登记基本数据库

高校古文献资源库《徐霞客游记》名录

序号	书名及卷数	著作者	出版信息	版本类别	数量	馆藏	典藏号
1	徐霞客游记 10卷外编 1卷	[明] 徐宏祖撰	清乾隆四十一年 (1776) 孙浦村庄	刻本	10册	华师大	R40~10/6.393/C3
2	徐霞客游记 20卷	[明] 徐宏祖		抄本	10册	华师大	S/愚/史/1512
3	徐霞客游记 12卷外编补编不分卷	[明] 徐宏祖撰	民国间中华图书馆	石印本	8册 (1函)	复旦	505004
4	徐霞客游记 12卷外编补编不分卷	[明] 徐宏祖撰	民国间图书集成局	铅印本	2册 (1函)	复旦	505005
5	徐霞客游记 12卷外编补编不分卷	[明] 徐宏祖撰	民国间中华图书馆	石印本	8册 (1函)	复旦	505006
6	徐霞客游记 12卷外编补编不分卷	[明] 徐宏祖著	清乾隆四十一年孙浦村庄	刻本	7册 (1函)	复旦	505007
7	徐霞客游记 (新式标点) 12卷	[明] 徐宏祖撰	民国十五年 (1926) 上海群众图书公司	铅印本 (4版)	4册 (1函)	北大	Y/3050/2933
8	徐霞客游记 10册补编	[明] 徐宏祖著	清光绪 (1875-1908) 上海图书集成局	铅印本	8册 (1函)	美华大	B0091
9	徐霞客游记 20卷补编 1卷	[明] 徐宏祖撰	清嘉庆十三年 (1808)	补刻本	10册	中大	28134
10	徐霞客游记 20卷补编 1卷	[明] 徐宏祖撰	民国间中华图书馆	石印本	8册	中大	28136
11	徐霞客游记 12卷	[明] 徐宏祖撰	民国十八年 (1929) 上海扫叶山房	石印本	12册 (1函)	复旦	505008

序号	书名	著者	出版	版本	册数	收藏单位	索书号
12	徐霞客游记 10 册	[明] 徐弘祖撰	清光绪七年（1881）摹影山房	木活字本	10 册	港中大	L0184
13	徐霞客游记	[明] 徐弘祖撰	上海中华图书馆	石印本	8 册	南师大	218.3-03
14	徐霞客游记 20 卷。补遗 1 卷	[明] 徐玄祖撰	清光绪七年摹影山房	木活字本	10 册（1 夹）	南开	690.3/946-5(2)
15	徐霞客游记 附外编、补编	[明] 徐玄祖撰	清嘉庆十三年叶廷甲	刻本	10 册	南大	06159
16	徐霞客游记 12 卷。补编 4	[明] 徐弘祖撰	清嘉庆十三年 江阴叶廷甲水心斋	刻本	20 册（2 函）	北大	X/981.4/2833
17	徐霞客游记 附补编	[明] 徐玄祖撰	清光绪十三年江阴叶氏	活字本	10 册（2 函）	北大	X/981.4/2833.4
18	徐霞客游记 12 卷	[明] 徐玄祖撰	清光绪七年摹影山房	活字本	12 册（2 函）	北大	Y/3050/2933.23
19	徐霞客游记 12 卷	[明] 徐玄祖撰	清（1644-1911）	抄本	8 册（2 函）	北大	LSB/5907
20	徐霞客游记 20 卷。附年谱	[明] 徐玄祖撰	民国十七年（1928）上海商务印书馆	铅印本	3 册	北大	Y/3050/2933.10（非线装）库本
21	徐霞客游记 12 卷。补编 1 卷	[明] 徐玄祖撰	民国间（1912-1949）图书集成局	铅印本	4 册（1 函）	北大	X/981.4/2833.5
22	徐霞客游记 12 卷。补编 1 卷	[明] 徐玄祖撰	清嘉庆十三年江阴叶氏	活字本	4 册（1 函）	北大	X/981.4/2833.4/C2
23	徐霞客游记 附外编、补编	[明] 徐玄祖撰	清嘉庆十三年 江阴叶廷甲水心斋	刻本	10 册（2 函）	北大	X/981.4/2833.4/C2
24	徐霞客游记 12 卷。补编 1 卷	[明] 徐玄祖撰	清嘉庆十三年叶氏	活字本	10 册（2 函）	北大	X/981.4/2833.4/C3

序号	书名	著者	版本年代/出版	印本	册数	馆藏	索书号
25	徐霞客游记大观 12卷	[明] 徐宏祖撰	民国十四年 (1925) 上海扫叶山房	石印本	12册 (2函)	北大	X/981.4/2833.1
26	徐霞客游记大观 12卷	[明] 徐宏祖撰	民国十三年 (1924) 上海扫叶山房	石印本	12册 (2函)	北大	X/981.4/2833.2
27	徐霞客游记大观 12卷	[明] 徐宏祖著	民国十三年上海扫叶山房	石印本	12册 (2函)	人大	PG267/152
28	徐霞客游记 不分卷	[明] 徐宏祖撰	清道光元年至宣统三年 (1821-1911)	抄本	5册	人大	PG267/152-3
29	徐霞客游记 13卷	[明] 徐宏祖撰	清光绪三十四年 (1908) 上海集成图书公司	铅印本	8册	苏大	303855
30	徐霞客游记 13卷	[明] 徐宏祖撰	清光绪三十四年上海集成图书公司	铅印本	8册	苏大	303856
31	徐霞客游记 10卷。外编1卷	[明] 徐宏祖撰	上海中华图书馆	石印本	6册	华师大	R40-10/6.393/C2
32	徐霞客游记 13卷	[明] 徐宏祖撰	清光绪三十四年上海集成图书公司	铅印本	8册	苏大	303857
33	徐霞客游记 10卷	[明] 徐宏祖撰	清嘉庆十三年叶氏水心斋	刻本	10册	苏大	303858
34	徐霞客游记	[明] 徐宏祖撰	民国间图书集成局	铅印本	8册	苏大	305131
35	徐霞客游记 附补编1卷	[明] 徐宏祖撰	清嘉庆十三年叶廷甲水心斋	刻本	10册 (2函)	清华	已 480/6778.01
36	徐霞客游记 附补编	[明] 徐宏祖撰	清嘉庆十三年叶廷甲水心斋	刻本	3册 (原12册)	清华	已 480/6778.02

序号	书名	著者	版本	印本	册数	藏馆	索书号
37	徐霞客游记 附补编 1 卷	[明] 徐宏祖撰	清嘉庆十三年水心斋叶氏	刻本（补刻）	10 册（3 函）	厦大	915.1/283
38	徐霞客游记大观 12 卷	[明] 徐宏祖撰	上海扫叶山房	石印本	6 册	厦大	915.1/283.13
39	徐霞客游记	[明] 徐宏祖撰	民国间上海中华图书馆	石印本	8 册	厦大	915.1/283.14
40	徐霞客游记 12 卷	[明] 徐宏祖撰	清光绪三十四年上海集成图书公司	铅印本	8 册	浙师大	X0213253
41	徐霞客游记	[明] 徐宏祖撰	清光绪七年瘦影山房	刻本	12 册（2 函）	北师大	12726
42	徐霞客游记 附补编	[明] 徐宏祖撰	清嘉庆十三年叶氏水心斋	刻本	10 册（1 函）	北师大	929/952.7-02
43	徐霞客游记 12 卷	[明] 徐宏祖撰	清光绪三十四年上海集成图书公司	铅印本	8 册（1 函）	北师大	929/952.7
44	徐霞客游记 10 卷。外编 1 卷	[明] 徐宏祖撰	清光绪七年瘦影山房	木活字本	10 册	北师大	R40-10/6.393
45	徐霞客游记 附外编、补编	[明] 徐宏祖撰	清嘉庆十三年叶廷甲水心斋	刻本	10 册（1 函）	北大	X/981.4/2833/C3
46	徐霞客游记 不分卷	[明] 徐宏祖撰	2012 年北京国家图书馆出版社	影印本	5 册（1 函）	浙师大	ZX2097
47	徐霞客游记 12 卷。补编 1 卷	[明] 徐宏祖撰	清嘉庆十三年江阴叶氏水心斋	活字本	10 册	郑大	22.8/952
48	徐霞客游记 12 卷。补编 1 卷	[明] 徐宏祖撰	民国间图书集成局	铅印本	8 册	郑大	22.8/952.02
49	徐霞客游记大观 12 卷	[明] 徐宏祖撰	民国十三年上海扫叶山房	石印本	12 册	郑大	22.8/952.03

来源：高校古文献资源库

《徐霞客游记》版本概览
（节选）

　　《徐霞客游记》（以下简称《游记》）版本分为抄本与刊本两类，每类下又有若干种。在乾隆四十一年（1776）之前，《游记》只有抄本。最早的抄本的形成时间是1642年，即徐霞客逝世后的第二年。该抄本由季梦良整理，史称"季本一"。第一个刊本出现在1776年，是徐镇木刻本，史称"乾隆本"。从抄本的出现到刊本的问世，相隔114年。

　　据朱惠荣著《徐霞客与〈徐霞客游记〉》载，目前存世的抄本有30个。而刊本可谓众多，按我的不完全统计，从民国到今日的104年间，有一百多家出版机构出版了180多个《游记》版本，包括选本。

　　本文拟从三个时期来概说《游记》版本的基本情况，即明清版、民国版及新中国（大陆部分）版。叙述中，依据掌握资料的多寡而各有侧重。比如，我手中没有明清抄、刻本，对于其版本状况不宜说长论短。而明清期间，有7人为《游记》作序8篇，每篇都有原文存世，故就明清版《游记》，我仅围绕序文展开。

明清版《徐霞客游记》叙录

从明末徐霞客逝世的 1641 年到 1911 年清朝结束的 270 年间，目前已发现为《游记》作过序的人共计 7 位，有序文 8 篇。其中杨名时写过两篇序，而明朝仅有一篇序，即季梦良的《季序》。

最早详说徐霞客离世前后状况的《季序》

"梦良"是季会明的字。他是徐霞客家的塾师，江阴人。霞客于崇祯十三年（1640）六月西南游病重返家后，曾对季说："余日必有记，但散乱无绪，子为我理而辑之。"① 不知何故，当时季氏未即承命，而"霞客坚欲授余"。② 这说明了霞客对季的信赖。没过多久，霞客去世。

一开始，季氏未亲自动手整理《游记》，而是将《游记》原稿转托给霞客的朋友王忠纫进行整理。不久王忠纫要到福州赴任，将略加叙次的原稿交给霞客的长子徐屺带给季氏。于是，季氏在崇祯十五年（1642）十二月之前录完一遍，整理编次，因地分集，并在每集之前加写了游程提要。也就是说，此时距霞客逝世的崇祯十四年（1641）正月，相隔不足两年。虽然，至今我们不能确定季氏最初推托整理《游记》的原因，但是季氏最终没有辜负霞客的希望，且在较短的时间里就完成了这一工作。更为可贵的是，他就上述情况写了一篇序文。

这篇仅有 310 多字的序，再现了当年霞客远足归来、在"两足俱废"③ 的重病之际，仍"每丙夜不倦"④ 地谈论游事。这和陈函辉《徐霞客墓志铭》中所描述的情景相一致："唯置怪石于榻前，摩挲相对，不问家事。"⑤

在《季序》中提到了《游记》最初的整理经过，以及滇一册在江阴城乱中丢失的情况。另外，还准确地记录了《游记》编次完成的时间，即壬午（1642）腊月。这些信息是研究《游记》版本原始状况的重要依据。

我在《上海古籍版〈徐霞客游记〉》一文中曾提到周宁霞和吴应寿两位先生在北京图书馆发现了季会明抄本5册的事情，这5册"乃顺治二年后季氏家人所重抄的第二次复抄本。季氏的始抄本此后经多人所重抄已散失。……此本卷首有季梦良的序"。⑥原来，北京图书馆发现的藏本是季会明抄本的复抄本。

"传其书，传其事，以传其人"的《史序》

与《季序》相隔42年，即清康熙二十三年（1684），史夏隆为其《游记》抄本作序一篇，被后人称为《史序》。

在说史夏隆抄本之前，还得先写一笔曹骏甫。在陈泓《诸本异同考略》中有这样的记载："季会明云：'滇游记首册未失时，宜兴曹骏甫曾借去抄录，今当往求之。'"⑦原来，家住宜兴的曹骏甫生性好游，十分仰慕徐霞客，当听说霞客逝世了，特地前往江阴吊丧。不料霞客已入葬，他便到墓地拜谒。后来，他借得霞客遗著，一年后归还。这就是《游记》的第二个抄本——曹骏甫抄本。后来，这个抄本被史夏隆得到。

按《史序》"至丙午而得之"⑧推算，康熙五年（1666）史夏隆得到了曹骏甫抄本。《史序》载："方抉披阅，而草涂芜冗，殊难为观。须经抄订，方可成书。"⑨据此，他决定重抄一遍。然而，在抄录到四分之一的时候，不知何故，一放就是 20 年。从史序中可以看出，他老人家当时已经七十有二了。据了解，明末清初，中国人的平均寿命仅仅是三四十岁。苍天有眼，居然让 72 岁高龄的史老先生抄了一遍《游记》，并留下了一篇序。史抄本《游记》于康熙二十三年（1684）交到霞客之子李寄手中，成为李寄整理本的基础。后史夏隆和曹骏甫的抄本均失传，仅存《史序》一篇。肯定地说，如果没有曹、史二抄本，李寄的抄本将不会被誉为"此后各本之祖"。[10]

《史序》全文 730 余字，分两个段落，上段记述了霞客其人其事其书。许多后人引用赞誉霞客的经典之句，都是出自《史序》，如"驰骛数万里，蹀躅三十年""遇名胜，必披奇抉奥；入山川，必寻源探脉""为峦绝壑，险道长途，如猿升，如鹤举，如骏足……"等。在《史序》中，史夏隆描写了他早闻曹骏甫拥有《游记》而"累所不得"的无奈；得到之后计划披阅抄订成书的喜悦；继而是"忽忽二十年，每一检书，心为快怅"的心情；"计图完缮而眼愈昏，手愈懒，年愈迈，今且七十二矣"的哀叹。接着介绍友人愿代为抄写，且九个月告竣。序文至此笔锋一转，表达自己"更念霞客一生心血，走笔成书，五十年后，予为脱稿。人置之，则废纸也；家存之，则世珍也"的心愿。为了能将抄本送给霞客的后人，他遣晚辈前往江阴，寻找霞客的子孙。由于清军入关后攻破江阴而屠城，霞客长子徐屺及家人多遇难，因此寻找未果。

一天，一个善游四方的名叫吴天玉的人来到史夏隆的寓所，看到案头一摞厚厚的书稿，询问是什么抄本。史将自己抄写《游记》和找寻霞客后代的经过告诉吴天玉，吴兴奋地说："霞客尚有子也！"⑪接着，吴介绍说，霞客的这个儿子名叫李寄，为霞客三子，乃侍妾周氏生，因在李姓人家出生养育，故姓李。这让史夏隆万分高兴，真可谓"踏破铁鞋无觅处，得来全不费功夫"。吴还说，李寄曾到曹骏甫家寻找《游记》抄本，可惜曹已去世，其子"惘然不知所答"。⑫

"传其书，传其事，以传其人。" 史夏隆在73岁高龄之时，完成了一件功德无量的事情，对保存、流传《游记》作出了积极的贡献。通读《史序》，就像一则生动有趣、一波三折的故事，使人仿佛走进320多年前的世界，感受真切，令人不能忘怀。

奚、杨、徐、叶各有千秋的序

江阴人士奚又溥的序写于清康熙四十二年（1703）。这年之前的冬天，奚氏从霞客曾孙徐觐霞处借到《游记》，这个抄本就是李寄本。奚又溥用了5个月的时间抄了一遍。他在序中盛赞霞客："其笔意似子厚，其叙事类龙门。"⑬力举《游记》"固应与子长之《史记》并垂不朽"。⑭

至今为止，杨名时是唯一一位为《游记》写过两篇序的人。杨曾在清朝担任过云贵总督。他生于顺治十八年（1661），江阴人，字宾实，康熙朝进士，卒于乾隆二年（1737），一生历经清朝的四位皇帝。他曾编纂《周易折中》《性理精义》等书籍，官至吏部尚书，雍正时被诬告赃私，后革职。乾隆初年被召入宫，教导皇子。

杨名时为什么写过两篇序呢？这要先说说他抄过两次《游记》的经过。首次抄的底本是史夏隆本，但史本"字多讹误，其删减易置处辄于实境不符，文章不协"。[15]后来，他看到友人所藏原本，于是"再手誊一过，以复其旧"。[16]尔后，作序文一篇。

徐镇于乾隆四十一年（1776）为《游记》所作的序，在徐学研究中具有重要意义。徐镇在序中说，他在"乙未（1775）夏，适得杨（名时）陈（泓）两先生订定真本，比较雠勘，将手录一通……爰急付梓……"。[17]这就是"乾隆始刊本"，即《游记》的最早刊本。此时，距霞客去世已经134年了。

徐镇，字筠峪，霞客族孙。在徐镇的序中，除了叙述《游记》的出版整理情况外，还回顾了自明末到清康熙至乾隆年间《游记》的发展历史及其社会价值等。

清朝的最后一篇序文是嘉庆十三年（1808）由江阴杨舍镇（今张家港市）藏书家叶廷甲作。嘉庆十一年（1806）的冬天，徐镇以所梓行的《游记》板交叶廷甲。叶"得徐氏《游记》板，翻阅之，朽蠹颇多。乃借杨文定（名时）公手录本暨陈君体静所校本，与徐本悉心雠勘，其文之不同者以万计，其字之舛误者以千计。……讹者削改，朽者重镌，又增辑补编一卷附于后，庶几霞客之精神面目更可传播于宇内也"。[18]叶廷甲在序中认为"霞客此书，固千古不易之书也！"[19]叶廷甲，字保堂，别号云樵，江阴人，著名藏书家。叶家有水心斋，藏书数万卷，并刊刻大量的文献资料。

在本文篇首，我们已知明清为《游记》作过序的有7人，共8序，其中杨名时作序两篇，那么还有一序是由谁所作？他就是清康熙年间（1662—1722）的大学问家潘耒（1646—1708），但是潘序直到民国时期才在沈松泉点校本《游记》以及丁文江编的《游记》中面世，且是由梁任公在给沈松泉的一封信中披露的。由于《游记》涉及潘耒的话题较多，因此有关《潘序》的情况在介绍民国各版《游记》序文的文章中专述。

明清《徐霞客游记》八篇序文作者写作时间等情况简表

编号	名称	作者	写作时间	刊载版本及出版社
1	《季序》	季梦良	明崇祯十五年（1642）	上海古籍版《游记》1997年5月3印，第1页
2	《史序》	史夏隆	清康熙二十三年（1684）	（同上）第1266页
3	《奚序》	奚又溥	清康熙四十二年（1703）	（同上）第1269页
4	《杨序》一	杨名时	清康熙四十八年（1709）	（同上）第1271页
5	《杨序》二	杨名时	清康熙四十九年（1710）	（同上）第1273页
6	《潘序》	潘耒	清康熙四十九年	（同上）第1268页 另见《遂初堂集》卷七
7	《徐序》	徐镇	清乾隆四十一年（1776）	上海古籍版《游记》1997年5月3印，第1页
8	《叶序》	叶廷甲	清嘉庆十三年（1808）	（同上）第1276页

参考文献

① 季梦良：《季序》，载《徐霞客游记》，上海古籍出版社，1997年，第1页。
② 同①。
③ 同①。
④ 同①。
⑤ 载《徐霞客游记》，上海古籍出版社，1997年，第1196页。
⑥ 吕锡生主编：《徐霞客研究古今集成》，中国书籍出版社，2004年，第9页。
⑦ 同⑤，第1284页。
⑧ 同⑤，第1267页。
⑨ 同⑧。
⑩ 褚绍唐：《〈徐霞客游记〉版本源概述》，载吕锡生主编：《徐霞客研究古今集成》，中国书籍出版社，2004年，第6页。
⑪ 同⑧。
⑫ 同⑧。

⑬ 同⑤，第 1269 页。
⑭ 同⑤，第 1270 页。
⑮ 同⑤，第 1273 页。
⑯ 同⑤，第 1273 页。
⑰ 同⑤，第 2 页。
⑱ 同⑤，第 1277 页。
⑲ 同⑤，第 1278 页。

民国版《徐霞客游记》浅识

　　就《徐霞客游记书影》（以下简称《游记书影》）而言，民国版的时间范围为 1924 年至 1947 年。在这 23 年间出版的、被我收藏的有 35 个版本，其中最早的是 1924 年由两个出版机构出版的 6 个版本。之一是上海扫叶山房于该年孟春出版、影印的《徐霞客游记大观》，12 册，两函，线装，竹纸印刷（另外还收藏两部，其中一部是 1925 年发行的 6 册线装本，宣纸印刷；另一部出版时间不详，推断其出版时间要比前两部稍晚）。之二是上海群众图书公司于 1924 年 3 月及 1925 年出版的沈松泉校点本，非常珍贵的是，书首有梁启超代序。该书与扫叶山房版本同年出版，却是以"平装铅印"这一新的版本形态面世（参见本书第 18 页至 34 页）。

　　民国时期在中国出版史上，是一个重要的历史时期。它传承晚清时期萌蘖而生的铅印出版。这一时期的出版形态既不同于古代传统意义上的刻印手工作坊式的形态，也与 1949 年后的出版形态存在较大不同。"以木板刻印为出版技术特征，以线装竖排为装订排版形式，以经史子集为主要出版内容的中国传统出版业，自唐代以降，千余年连绵不绝，在繁荣中国传统学术文化、促进世界文明进步方面，做出了巨大贡献。"（《中国出版通史·民国卷》，中国书籍出版社，2008 年，第 9 页）时代在发展，社会要前进。如同雕版印刷取代人工抄写一样，从西方传入的以铅字排版为主要技术特征的现代出版技术，替代雕版刻印的中国传统出版技术，是历史的必然。

从我收存的民国版《游记》的 35 个版本来看，这个时期版本的主要特征是印刷方式、用纸、装订等发生了重大变化，由此引发出书籍的封面设计、插图装帧、出版标识、版权页、广告页、扉页与环衬等的新表现形态。在民国版《游记》上有哪些具体体现呢？仅以手中藏本为例，就这几个方面作简单的介绍。

紧随时代的封面设计

传统线装本书籍的"封面"，基本上都是一个形式，纸张多采用手工制作的磁青纸或米黄色的纸。我之所以把"封面"二字用引号引起来，是因为在古代此"封面"被称为"书衣"。据薛冰著《版本杂谈》（山东画报出版社，2009 年）介绍，传统线装本的封面与现在的平装书的封面不是一回事。线装书的最外层粘贴有书名签条的那张较厚的纸，叫"书衣"。线装书的封面，装订在相当于今天平装书扉页的位置上。由于线装书日渐稀少，这些概念也混淆不清了。

线装书的书衣左侧近书口处粘贴有白色书名签，有些还印上框线，写有本书的书名、题签者名氏及钤印等。我收存的上海扫叶山房本《游记》，在书名"徐霞客游记大观"的下面靠右，有小字"上海扫叶山房发行"（参见本书第18页）。而其封面，也就相当于今天的扉页，则将全页竖分为三行，以细线（套用古称为"界行"或"边准"）相隔，外框线略粗。中间一行较宽，上下左右充满隶书体字"徐霞客游

上海扫叶山房
民国十三年影印本函套

记大观"。右行书"民国十三年孟春出版",下留白约三分之一;左行下排齐,写有"上海扫叶山房发行"。这是典型的线装书的封面设计（参见本书第19页）。更为讲究的书衣或封面,是请名家题写书名,因此在书名下方或左下方便有题写者的落款等,实为一幅精致微型的书法作品。

收入《游记书影》一书的上海扫叶山房版本共3部,其书衣均为米黄色纸,封面有竹纸和宣纸之分。其中有一部是12册,分装在两函中。函套也是线装书的显著特色之一,制作材质多为在硬纸板上裱糊布面。本部书的函套以磁青色布裹之,每函6册,配有象牙白色骨质的书别子（左上图）,与一般函套无别。

民国年间,在外来文化的影响下,出现了"平装铅印"这一新的版本形态,颠覆了古老中国雕版线装一统天下的历史。在我的藏本中,绝大多数是西式装订的本子。除1928年丁文江编《游记》、商务印书馆民国二十二年（1933）六月初版的纸面精装本及国学整理社民国二十五年（1936）一月版是纸面精装外,余下的都是平装本。这个时期平装本的材质发生了根本性的改变,宣纸变成了道林纸（胶版纸）,开本也从偏细长的线装改变为与如今小32开相似的尺寸。但纵观民国早期的封面设计,大多数仍然保留着线装书的痕迹,简单是其重要特征之一。

以上海启智书局为例,我收存的两个本子中,其中一个是民国二十三年（1934）五月三版,牛皮纸封面上仅有竖排的3行字,从右至左分别是"新式标点"（宋体）、"徐霞客游记"（手书体）、"上海启智书局印行"（宋体）。可以说,完全沿袭线装本封面排版的格局,没有什么设计而言（参见本书第 82 页）。

上海群众图书公司的版本亦然。浅蓝本色纸的封面上，子午边栏内，由右至左竖排 3 行字为"新式标点"（宋体）、"徐霞客游记"（手书体）、"上海群众图书公司发行"（宋体）。在"徐霞客游记"5 个字的下面，从左向右横排"1924"。3 行之间以细短线相隔。整个封面单色黑印刷（参见本书第 25 页）。

由线装痕迹浓重过渡到充满现代气息的封面设计，当属上海大中书局的版本了。从我收存的 3 个不同时间出版的版本便可窥一斑。3 个版本分别是 1928 年 3 月再版、1931 年版和 1933 年 9 月 8 版。第一个版本封面竖排 3 行字，内容是"新式标点""徐霞客游记""上海大中书局发行"。第二个版本的封面发生了较大的变化，增加了花纹边框，文字从右至左横排，仅阿拉伯数字"1931"是从左向右排列，看着有些别扭。在封面居中偏下的位置有一个六角形图案，内有一个双钩的"中"字，大概这是书局标识之一吧？因为在封底还有一个圆形标识。2 年后出版的第三个版本的封面，以一幅占据封面一半面积的绘画作品而显得面目一新。那是以黑白版画方式制作的画，内容是满月当头的夜晚，一个男子坐在帆影点点的湖畔，聚精会神地读书（参见本书第 67 页至 69 页）。

我手边的新文化书社 1932 年 11 月 5 版的《游记》，也是封面为绘画作品。该封面质地为浅蓝色胶版纸，单色黑印"徐霞客游记"5 个字，还有远山及撑船人的图（参见本书第 70 页）。新文化书社 1934 至 1936 年出版的若干个版本，封面图画表现的是：一条帆船航行在波光粼粼的河面上，透过覆盖着的舱窗，有 3 人相对而坐；岸边的民舍掩映在树林灌木中；远方是一座城门，高高的旗杆上有舞动的旗帜。似有《游记》意境（参见本书第71—74页）。

另有一套新文化书社版本，封面设计很有趣味。四周双边，除手书"徐霞客游记"及书社名称外，还有楷体"国学名著""游览奇书"等字样。最引人入胜的是圆窗前的书案旁，一位身着长衫、足下有脚踏的书生执笔欲书，案上除纸砚外还有花插，中有孔雀羽毛等饰物。窗外树影扶疏，有竹制窗帘半挂窗上（参见本书第75页）。由于缺第一册，故不清楚其出版时间。从封面设计的考究来分析，我以为时间应该是在1935年至1940年之间。这个时期出版的《游记》，基本摆脱了民国初期书籍封面依旧沿袭线装书单调单色的风格。

有的出版机构已经采用彩图印制封面，如广益书局民国二十八年（1939）一月再版《游记》，上下两册封面为彩色绘画作品，描绘的是徐霞客游天台山石梁和一座庭院的情景。画法属工笔重彩，构图疏朗，画中人物神情怡然（参见本书第79页）。

商务印书馆的封面设计风格依编校者的不同而变化，刘虎如选注本的封面设计，是在较宽的黑色带状底上反白各种图案，包括酒具、奔马、白鹭、狮头及古代马车等（参见本书第60页）。而王云五主编的"万有文库"，秉承该丛书的统一风格，即封面为布纹纸，藏蓝色或棕色纹样，形成一个较宽的画框（参见本书第58页）。

品质上乘的插图装帧

插图是近现代出版物的装帧方式之一。广义上的书籍插图包括所有放置在图书封面、封底、勒口、书脊、卷首、扉页、环衬、版权页及正文等位置的绘画作品和摄影作品，纯粹的统计图表不属于此类。总体来看，我手旁的民国版《游记》配发插图的本子占到一半。以彩色封面"吸睛"的广益书局，在民国二十八年（1939）一月再版《游记》的上下册封面上，精描细做的徐霞客游天台石梁瀑布等彩色图画，是民国年间《游记》插图中少见的优秀作品（参见本书第 79 页）。该书还配有 4 幅白描图，安排在目录之后，开卷即可看到徐霞客游天台石梁、庐山、嵩山及滇中鸡山的插图，让读者有亲临其境的感觉，落款为林直清绘（参见本书第 81 页）。在该书书首有《附志》："惜乎一般刊本，字句舛误，绣像俗陋，且将内容删摘割裂，借此减缩篇幅，贬价出售，渔利竞争，诳骗读者，莫此为甚。本局深恨此种行为，愿以阐扬文化、提倡普及教育，为出版业之天职。故于刊行古本说部诸书，莫不整理精细，考究完整，实事求是。"看来，广益书局是有自己的出版志向的，其出版的《游记》是彩色封面也就不足为奇了。

我仅存第一册的上海中华图书馆印行的《游记》是一个残本，书首的六七页被虫蛀。即便如此，该书还是具有收藏价值的。卷首目录后有 12 幅白描山水图，分别描绘了天台山、雁荡山、武夷山、匡庐山、中岳嵩山、西岳华山、北岳恒山、南岳衡山、大洪山、黄山、铜鼓山及玉案山等名山胜水，每图都有题跋。图画采用中国传统山水画技法，皴擦点染笔笔精道，一丝不苟，且印制清晰上乘，不失为佳作（参见本书第 85 页）。

在"紧随时代的封面设计"一节中提到的新文化书社版、上海大中书局版及商务印书馆刘虎如选注本等的封面图画，都可谓上乘的插图作品。

亦精亦粗的出版标识

出版标识也称为社标，是各个出版机构独有的象征符号，与出版机构的名称一样，属于品牌标志之一。其实，也就相当于生产产品的企业的商标。就《游记》的出版机构而言，有不少机构有自己的标识，扫叶山房就是其中之一。而且，扫叶山房应该是民国时期使用标识较"前卫"的出版机构。目前行世的不少关于版本的书籍认为，成立于1897年的商务印书馆，是使用出版标识最早的出版机构。但我认为，在没有完全的证据之前，称为"之一"更加妥当。我对民国出版行业知之甚少，据《中国出版通史·民国卷》载："作为中国存在时间最长的一家出版和贩卖书店，扫叶山房有三四百年历史，创于明朝万历年间，直到1955年出版业公私合营结束。"史料显示，扫叶山房于1880年设分店于上海城内彩衣街，又在租界棋盘街设扫叶山房北号，以及汉口号等5家，是清代最著名的以出版古籍为主的民间出版机构之一。

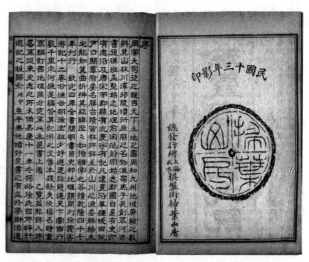

上海扫叶山房民国十三年影印本序及版权页，古称"牌记"

就我收存的扫叶山房1924年出版的《游记》，其标识是明显的，放在近乎"版权页"（古称"牌记"）的页面上（参见本书第264页图）。我主观推断，这个标识大概不会是第一次使用吧。那么，扫叶山房是什么时候开始在自己的出版物上印上这个标识的？待考。

民国年间，标识的绘制不同于今天是在电脑上完成，可以达到横平竖直，即便追求斧劈刀锛的效果，电脑也能制作出来。民国年间的标识均为手工绘制，有些标识构思巧妙、内涵丰富、图像美观，但是从审美角度来看，不能不说大多数标识绘画粗糙，很不规范，致使好端端的图案视觉效果不佳。以上海启智书局民国二十三年（1934）五月三版《游记》为例，封底的启智标识，是将"启智"二字变形后置于菱形之中，似木刻作品，刀法直阔有力，与另一藏本的圆润无棱角绝然不同（见下图）。同一个标识，图案相同，刻制的水平却参差不齐。

启智书局标识　　　　　　　　启智书局标识

北新书局、文化生活出版社、光明书局等大牌出版机构的标识，就制作水准来说，不敢恭维。

北新书局标识　　　文化生活出版社标识　　　光明书局标识

那么是不是说，民国时期的画家或装帧设计者水平有限呢？其实不然，比如上海亚东图书馆、乐华图书公司、良友图书印刷公司、大东书局及目前仍然活跃在出版界的中华书局、三联书店、商务印书馆等，其标识的内涵及绘画都是不错的。

上海亚东图书馆标识

世界书局标识

开明书店标识

大东书局标识

良友图书印刷公司标识

广益书局不仅在封面设计、插图装帧等方面精益求精，在标识设计上也是追求一流。标识通体红色或蓝色，在当时绝大多数图书标识为单色黑的年代，可谓一个亮点。"广益书局" 4个字如阴文篆刻，反白在如同红色印泥的底色上，明显清晰；字体似现今流行的圆头体，时尚端庄；图案整体左右对称，稳重内敛。"广益书局" 4个字像是印在一叠红纸上，增加了厚重感；其上方是打开的一本书籍，且仅仅露出图书的上角，含蓄隽永。

广益书局
民国三十年版封底标识

新文化书社标识

上海新文化书社放在封底的标识很有意思，竖式长方框内是垂柳双蝉、儿童读书的场景，加上似少儿手写的"新文化书社"几个稚拙的字，让读者感受到创作者构思夸张，但又在情理之中，巧中有趣，自然天成。

变化无序的版权页

版权页是版本著录的一种表现形式。在我国古代雕版印刷时期，由于雕版成本甚高及坊间有低价租版印书的传统，故盗版翻刻并不多见。西方现代印刷技术传入中国后，书籍的翻印变得轻而易举。又由于有关版权保护的法律法规没有及时引入，使得盗版成为某些人的牟利手段。为了维护出版者的利益，版权页应运而生。其实，在没有版权法规保护的情况下，仅靠"版权所有，不可翻印"的警告，不足以禁止盗版行为。当然，为了保护自己的利益，出版者采取了多种形式的保护办法，诸如谋求官方的保护、在版权页上加钤版权印章、单印一纸的版权凭证等。本文在此不一一记述。

版权页的内容，主要是以下几个方面：书籍名称、著译者姓名、出版机构、出版时间、版次印次、发行人或发行单位、印刷单位、开本印张、字数、定价。从我收存的民国版图书的版权页来看，好似没有统一规范，没有专门的单位管理。对于版权页的内容，各个出版机构自作主张，处于放任自流的状态。

就民国出版的《游记》而言，其版权页上都没有印数、字数、印张、开本等内容。在版权页上最为出版者重视的是"版权所有，翻印必究"这几个字，出版机构绞尽脑汁使其抢眼。首先，在版权页上，这几个字字号最大；其次，装饰繁杂，比如广益书局为"版权所有"4个字画了复杂的饰纹（见下图）。

发行人为周建人的大达图书供应社民国二十四年（1935）四月版《游记》，"版权所有，翻印必究"这几个字设计得很新颖，以一架飞机为背景，充满了现代味道。

广益书局民国二十八年版　　大达图书供应社民国二十四年版
　　　　版权页　　　　　　　　　　　版权页

也有特例，可不可以"翻印"都让其说了，这就是新文化书社的版本。民国二十三年（1934）十月三版《游记》，版权页上赫然有"可以翻印"字样，不由让人一惊，以为是印错了呢。同年十一月再版，白纸黑字是"不可翻印"字样。读者肯定认为，一个月前的出版物定是编校者失误。别急，转年，即民国二十四年六月再版，版权页又出现"可以翻印"了。真让人丈二和尚摸不着头脑。到了民国二十五年三月再版，版权页上是一个用曲线画的方框，内有两条平行水纹线，既无"可以翻印"，也无"不可翻印"（我猜测，这一版的方框内是贴版权印花的）。从表面上看，上海新文化书社的版权页就像"儿童过家家"似的，没有定式。其实个中必有玄机，只是我们后来人不曾知晓罢了。但像这种做法，在民国出版界也属少见。从我读过的几部涉及民国图书版权的书籍来看，仅有一本印有类似"可以翻印"的内容。据《书之五叶》（张泽贤著，上海远东出版社，2008年，第282页）载，1936年鲁迅编印的《凯绥·珂勒惠支版画选集》的版权页上，印有"有人翻印，功德无量"字样。据说，该画集仅印刷了百余本，由于制作成本居高，又非大众普及读物，故没有翻印者出现，当不能与《游记》比较。

新文化书社
民国二十一年十一月五版版权页
（无"版权所有"字样）

新文化书社
民国二十四年六月再版
版权页上有"可以翻印"字样

新文化书社民国二十三年十月三版
版权页上有"可以翻印"字样

新文化书社民国二十三年十一月再版
版权页上有"不可翻印"字样

新文化书社民国二十五年三月再版版权页上的双曲线

谈版权页，有一个绕不开的话题，是定价。民国时期图书的价格是以"国币"为单位，也有版权页上写"法币"的。部分民国时期的书籍在原本印刷的定价上面粘上纸条，另行标价，且所占比例不低。说"粘纸条另标价"占一定比例，是我从手边的三四部《游记》推断的。比如民国二十五年（1936）一月国学整理社出版、世界书局印行的《游记》，我共购买过 4 次，原因是书一次比一次品相好。一次偶然对比 4 本书的版权页，发现有 2 本的标价都被"动了手脚"。版权页上的原定价是"国币一元六角"，但其中有一本的定价明显用紫色涂抹过，旁盖长方形紫色印章，内容为"注意 本书定价业经改订依廿五年七月份新订书目为准"。这个"为准"，便是其旁另一紫色数字"3.50"。还有一本直接在原定价上贴了一张印有"实价 法币壹仟贰百捌拾元"的纸条。

广益书局民国三十年（1941）七月再版的《游记》，版权页上的定价很有意思：先在原书价（洋装二册，实价二元七角）上粘了一张纸条（纸条上写有"本书现售实价六元"字样），再在粘上纸条的印有定

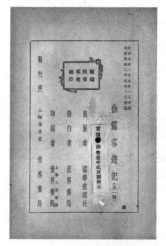

国学整理社版
版权页一

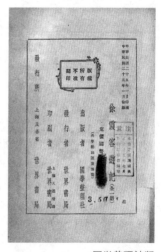

国学整理社版
版权页二

270

徐霞客游记书影

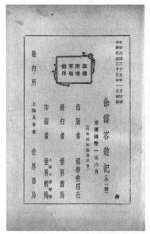

国学整理社版
版权页三

世界书局版定价被涂抹

价处再粘上一张纸进行遮挡，仅保留"本书现售实价"几个字。我小心翼翼地用清水润开一道道纸条，才知道原是如此这般。但最后这本书卖多少钱，却不知道。而在两年前的民国二十八年（1939）一月再版《游记》中，版权页标明"实价六角"，怎么会这么低呢？毕竟是上下册彩色封面的书呀！我在封底发现有竖排蓝色戳记的"实价肆元陆角"字样。从"实价六角"一下涨到"实价肆元陆角"，太不可思议啦！

新文化书社版版权页
定价处空白

广益书局民国二十八年版封底
左下角有"实价肆元六角"字样

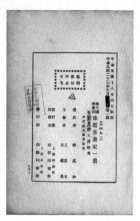

商务印书馆
民国二十三年五月国难后
第一版版权页，改实价

新文化书社发行的《游记》，在版权页上有"实售国币□□□□"字样。空 4 个字的位置，是为了随时随地填写不同的价钱吗？（参见本书第 271 页下左图）

民国二十三年（1934）五月国难后第一版，即刘虎如选注本，在每册定价"大洋陆角"上盖上"改实价"三个楷体红字，旁边盖有 3×1.5cm 的红印章，竖排刻三行字"中学教科用书自廿八年八月十一日起加价五成外"。是提价的意思吗？"加价五成"不难理解，即涨价 50%，但"外"是什么意思呢？

"为了把书籍卖出去，出版业界掀起一股愈演愈烈的打折风。到 1934 年底，除教科书继续减折外，普通书籍亦由 8 折而至对折。新标点之旧小说，则更以一折八扣登报发售。其结果，造成了当时图书定价的虚高，明明只值一角之书而定价二元，以便于一折五扣。"（《中国出版通史·民国卷》，中国书籍出版社，2008 年，第 84-85 页）从《游记》来看，似乎出版机构都是印的定价很低，尔后才采取贴纸条、单盖章等手段把书价提上去。也许《游记》的价格变化，不足以说明民国时期书价的变化规律。

花样翻新的广告页

在大众传媒手段单一的古代，出版商仅能以自己出版的书籍为依托，利用书中的牌记、题识等方式进行自我介绍，以达到吸引读者眼球的目的。这种很"文气"的方式，可视为我国出版业最早的书籍广告了。随着报纸、期刊、广播的兴起，图书出版商可选择的刊登广告的方式变得多样化。书商不仅利用新兴的大众传媒进行出版物宣传，也加大了在书籍上的广告宣传力度，手法也变得直截了当，诸如版权页上的新书介绍、插页广告、图书目录等。我收存的扫叶山房 1924 年版《游记》的函套上，也赫然有一整面扫叶山房自己出版的书籍介绍，有的介绍详细，以蝇头小楷书之，有的仅用大号字体突出书名。

上海扫叶山房民国十三年影印本函套上的广告

新文化书社民国二十三年十月三版的广告，占了版权页的一半。《红楼梦》6 册 2.8 元，《水浒》4 册 2.4 元。除四大名著外，还有《施公案》（4 册，定价 4.4 元）等（参见本书第 71 页）。

民国年间出版的书籍，有时在书中直直地就冒出一页内容与本书八竿子打不着的广告。比如我收藏的丁文江编《游记》，其版权页是在下册扉页后的一页的背面，这"一页"的正面是与本书不搭界的整面地理丛书的大幅广告。我翻阅过其他民国时期出版的图书，版权页都与今日的出版物相同，不是放在上册的前面，就是放在下册的后面，搞不懂 1928 年版《游记》为何如此放置版权页。也许这本是错版？或许是后人重新粘贴上的？反正我购得时，就是这个样子。

少有设计的扉页、环衬及版式

民国版图书似乎不太在意扉页和环衬的设计，大多数出版机构都是如此。就《游记》而言，比较注重的仅有商务印书馆出版的"万有文库"。应该是该套丛书的统一设计，才使《游记》也有了比较讲究的扉页。

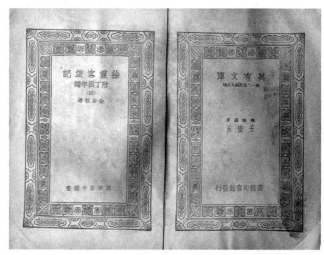

商务印书馆民国二十八年九月版环衬与扉页连为一体

我手边的《游记》中，只有商务印书馆"国学基本丛书"（上中下）可视为有真正意义上的环衬。

商务印书馆"国学基本丛书"环衬

新中国（大陆部分）版《徐霞客游记》简述

1980 年，上海古籍出版社首开先河，推出褚绍唐和吴应寿整理本《徐霞客游记》。从这部被徐学界称为"里程碑"的著作开始，《游记》出版呈势如破竹之势。至 2016 年，在 36 年间，仅我收藏的不同版本就达 124 个，涉及全国 20 多个省、自治区、直辖市的 64 家出版机构，可谓蔚为大观。

民国年间，由于出版方式的变革，书籍的封面设计、插图装帧、出版标识、版权页、广告页、扉页与环衬等均属新生事物，出版人、读者乃至整个社会都要有一个慢慢适应的过程。而今，包括书籍的封面设计等彰显书籍个性的表现形式，早已成为图书出版的必要条件，而且其设计手段已达到炉火纯青的程度。特别是激光照排技术的广泛应用，给出版业带来了前所未有的发展空间。

多姿多彩的封面设计

用"多姿多彩的封面设计"形容新中国（大陆部分）版《游记》，绝不为过。从 1949 年到 1980 年，约 30 年间，虽然大陆没有出版过《游记》，但其间印刷技术取得了突飞猛进的发展，为书籍的设计创造了良好的条件。因此，当 1980 年上海古籍出版社出版《游记》时，其 1 版 1 印精装 3 卷本的封面设计，便让读者耳目一新：大 32 开本，封面材质为白色罗纹布面，洁净素雅；左上方竖排烫金压骨"徐霞客游记"5 个字，书名题字沈雁冰，沈字秀美饱满，文人气质浓厚；右下角烫红压骨"徐宏祖印"之印章。整个封面如同一幅书法艺术作品，章法空灵，布局严谨。铜版纸护封，坚挺厚重，在靛蓝色云纹图案上，其左上方反白书名。护封的下半部分是一幅采用印金方式的中国传统山水画，以白描手法绘制的这幅画横贯封面、书脊和封底，气势宏大，使读者不禁将其与该书的内容联系在一起。我认为，上海古籍出版社1版1印的《游记》，从封面到护封，从正文到插页，从扉页到环衬，都是一流的构思一流的设计。虽然至今已有30多年的历史，但仍然经得起推敲、评说（参见本书第88、89页）。

2010年5月1版1印一册平装本《游记》，正文采用轻型纸。封面为胶版纸，在大面积的土黄色上，简洁勾勒出一幅古人骑驴图。这是上海古籍出版社出版的《游记》中不多的简体横排本。也许是为了降低成本，书首的徐霞客像等都被删去。本书的整体风格与该社之前或之后出版的《游记》的风格极为不同（参见本书第101页）。

就我个人的眼光，上海古籍出版社出版的《游记》版本共使用过七八个封面，其中也有一两个我不太喜欢的。比如我在徐霞客故居购买的1997年5月第3次印刷的一卷精装本，封面嫩绿色，护封以一幅色调昏暗的古画为背景，印金徐霞客画像则置于右下部，我认为其视觉效果不佳。也许这正是设计者所构想的"古意"。这本书是锁线装订，随我"征战南北"，至今仍然非常结实（参见本书第98、99页）。

贵州人民出版社1997年4月1版1印本，我认为其护封设计古朴稳重，清晰简洁。在白色护封居中处是一幅传统山水国画，飞流直下的瀑布前，徐霞客在游记中经常提到的石梁横跨画面左右。石梁上点缀着3个人物，让读者想到《游记》中的天台石梁飞瀑的画面。书名为大宋体，与丛书名、著译者姓名等为棕色，横排（参见本书第 127 页）。

河北人民出版社 1998 年 11 月 1 版 1 印一册精装本的封面，也是不错的。浅土黄布纹纸，居中横排三行宋体字的书名、作者、出版社，简单得没法再简单了，好似没有设计一样。但颜色、字号、字体等搭配和谐，让观者感到舒服顺眼。护封设计中规中矩（参见本书第 138 页）。

中信出版集团 2016 年 6 月 1 版 1 印本，设计风格不同于其他出版社。封面摘录《游记》中脍炙人口的短句，采用同一种字体而字号不同，错落有致地竖排在整个封面上，且采用"出血"的方式。书名等被安排在右上角，字号也不大，确实不显眼，但不同的是在一条色带上反白。设计者好像想让读者在大面积的短句中默读、寻找、思量之后，蓦然回首，发现原来"徐霞客游记"几个字就在那个地方——它应该在的地方。护封同样让人浮想联翩，包括勒口，还有腰封。这是我收藏的所有《游记》版本中，设计最前卫的一个（参见本书第 184、185 页）。

内容丰富的插图装帧

插图装帧在民国时期就受到出版商的重视，广益书局曾专门依照《游记》内容绘制封面插图及卷首插图。不少出版机构也做出了开创性的贡献。新中国（大陆部分）版《游记》的出版，始于 1980 年上海古籍出版社版。该社出版的《游记》卷首为徐霞客画像，接下来的 4 页是徐霞客手迹，12 幅徐霞客到访过的名山胜水的或彩色或黑白的照片紧随其后，一下子把读者带到几百年前的明末，使人仿佛跟着徐霞客去旅行。下册是徐霞客滇游日记，卷首是云南的滇池、罗平、金沙江等胜迹，还有人间仙境般的钟乳石岩洞。书首的这些插图，均印刷在铜版纸上。其中，徐霞客手迹已有400余年的历史，棕灰色的底色上书写着小楷字，朱红色的印章古韵犹存，这是黑白照片无法媲美的。而随文插图是该书的另一特色，有中岳嵩山图、西岳华山图、真仙岩图等10幅古代白描作品，分布在书中相应的日记页（印刷在正文胶版纸上）。环衬是一幅灰色半调中国画群峰烟云图。护封上的金线勾勒的山水盛况，我在前文已做了介绍，在此不多赘言。总之，上海古籍出版社1980年版《游记》在插图装帧方面可圈可点。

另一部插图装帧不错的《游记》，当推重庆出版社2007年9月版。该书全彩色印刷，重点是随文插图的布局，其特点是：第一，是每篇日记篇首都配有一幅古法手绘地图，使读者一览徐霞客的游踪；第二，是在日记中配上著名景观的速写，比如游天台山日记中的国清寺，并有详细的图说；第三，是选择古今名画，在天台山日记里配发明代画家蒋贵的绢本《寒山和拾得》，说明两位唐代诗僧曾隐居天台山，还有现代画家陆俨少的水墨画《天台石梁飞瀑》；第四，是旁征博引，为日记提供背景材料，比如放上天台宗二祖慧文大师的画像，介绍大师对天台宗的贡献等。要说明的是，篇篇日记都是如此，少量篇什还有实景照片。

中国少年儿童出版社2005年9月版《游记》，全书设计精美，书首有当代书画作品8幅（参见本书第154页）。

黄山书社2014年1月版《游记》，是由北京崇贤馆世纪文化传媒有限公司策划的"崇贤馆系列藏书"之一，古法炮制，完全按照线装书的规制制作。双色印刷，内有众多白描山水人物插图，是一部值得"点赞"的本子。

有重有轻的出版标识

翻看新中国（大陆部分）版《游记》发现，虽然几十家出版机构名列其中，有出版社标识的却还没民国年代的多呢。中华书局、商务印书馆等出版社一如既往，沿用几十年不变的标识。

然而，很多出版社在其出版的书上找不到标识。有些出版社有是有标识，但小若蝇头，难以识别。

三联书店标识　　　　中华书局标识　　　　商务印书馆标识

内容规范的版权页

我们已经知道，版权页主要是以下几个方面的

上海古籍出版社 1993 年 12 月版《游城南记》（含《徐霞客游记》）版权页　　　　中信出版集团 2016 年 6 月版版权页

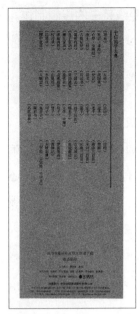

中信出版集团 2016 年 6 月版护封勒口上的广告

内容：书籍名称、著译者姓名、出版机构、出版时间、版次印次、发行人或发行单位、印刷单位、开本印张、字数、定价。我收存的新中国（大陆部分）版《游记》的版权页内容较为完整，除不少出版机构未标印数，其他著录无一缺少。我以为，关于印数，比较规范的当属中华书局、上海古籍出版社等。

如今在版权页上，已经鲜有"版权所有"等警示语，更别说把字印得大大的，放在明显的位置上，还进行图案装饰等。重庆出版社 2007 年 9 月版《游记》，"版权所有，侵权必究"字样排在版权页最下面一行。

近乎绝迹的广告页

书中刊登本出版机构的图书广告，在民国时期极其盛行，而今近乎绝迹，充其量是丛书本把本套丛书的书名在勒口上登出。比如中信出版集团 2016 年 6 月版《游记》，属于"中信国学大典"丛书之一。该书不仅在勒口、腰封上罗列书单，而且在书尾单独辟出一面，把"大典"编委悉数刊登，书目随后一一排出。

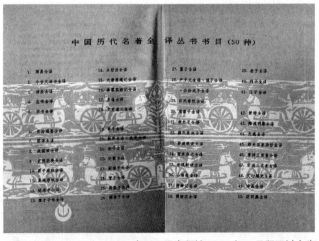

贵州人民出版社 1997 年 4 月版环衬广告

形式多样的扉页、环衬及版式

新中国（大陆部分）版《游记》的扉页、环衬及版式很有特色，或者说这一时期出版的图书大多重视扉页、环衬及版式。其中，扉页比较有特色的例子有：云南人民出版社《徐霞客游记校注》（1999年4月3印），跨页的扉页上，设计者以淡绿色的笔触和简洁的线条，勾勒出一条行进在水面上的小船，上有摇橹的船家及站在船头眺望远方山水的游子。画面左上方寥寥数笔的平远山峦，恰与游子的目光相呼应。右页书口处，竖排谭其骧先生手书"徐霞客游记校注"7个行楷字，沉稳的赭色使谭先生的墨宝越发显得韵味深远。社名及著译者的姓名以宋体字印刷，编排位置得当。整个扉页以恰如其分的空灵，彰显出丰富多彩的内涵。

云南人民出版社 1999 年 4 月 3 印版扉页

贵州人民出版社《徐霞客游记全译》（1997年4月版），该书扉页与环衬连为一体，浅绿色跨页"出血"铺底，反白古代车马骑汉画砖图案，书名等文字均为黑色。（见下页图）

上海古籍出版社《游记》（1997年5月3印）扉页，

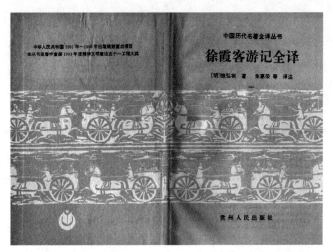

贵州人民出版社 1997 年 4 月版扉页

虽然仅印单色黑，但效果很好。设计者按照线装书的规制，分三列竖排，从左至右分别为著者及整理者的姓名、书名及社名。衬托这些字的背景图案以半调黑（即形成灰色）色出现。不规则的边框里，似洒金的自然"无序"，使原本"刻板"的三行字也活泛起来，让整个扉页灵动飞扬。

环衬比较有特色的例子是上海古籍出版社的影印本《文渊阁四库全书》，环衬是一幅单色红印刷的文渊阁照片，庄重且有威严，恰如其分地体现了这部大作的历史地位（参见本书第 104 页）。

中信出版集团 2016 年 6 月版《游记》的环衬别具一格，仿照铅字字盘，正反对应，黑白相接。其版式也很有新意，横、竖排版穿插进行，变化中有统一，再以双色的呈现以及字号的不同，让人耳目一新（参见本书第 184 页）。版式比较有特色还有：长江出版传媒湖北美术出版社 2012 年 10 月版、中国少年儿童出版社 2005 年 9 月版、崇文书局 2007 年 11 月版等。

台港地区版和外文版的《游记》版本不多，在正文里已经介绍，本文不再做说明。

此中有真意 欲谢已忘言

1

……徐霞客游记版本经眼录这一选题很独特！我想成功的概率甚大，我们一同努力。预祝合作成功！

黄政一 上

2016.9.29

……认识您很高兴。如果能共同努力将《徐霞客游记书影》出版，更是一件可喜可贺的事情了。

刘瑞升 敬上

2016.9.29

这是我和黄政一先生互致信函的内容。

准确地说，9 月 29 日上午，在网上搜到上海远东出版社电话，寻得黄先生的分机号。在电话中我们交谈了 10 分钟，包括自我介绍等开场白。尔后互加微信。下午，我寄出《书影》样稿给他；也是下午，他寄几本样书供我参考。

我们就此认识了。

说认识，应该是我先认识政一先生的。在我写作《书影》之初，购买了不少与版本有关的书籍，其中上海远东出版社黄政一先生编辑、策划的几部书籍被收入囊中。坦率地讲，我写作《书影》，不少著录形式是"抄袭"黄先生编辑的书的。

我俩给对方寄出快递后，还都迫不及待地询问对方是否收到。30日下午5点半我才离开办公室——有意多等等。6点，在回家的路上，接到快递小哥的电话，快件到了——书到了。

2

"尊著突出书影，独具特色。我建议扩大书影的范围，封面是必须收的，版权页也全收，很多信息都在版权页上。更早些的书无版权页，但有牌记。还有一些特色突出的扉页、正文、书脊等，都可考虑。"

2016年10月27日，云南徐霞客研究会会长、云南大学博士生导师朱惠荣先生寄来了他为《书影》撰写的序，同时还亲笔致信一通，具体指导我如何记录版本的信息。遵照朱教授的建议，《书影》增加了不少内容，扩大了《游记》版本的信息量，特别是对几部线装本——著录了版框的高宽尺寸、行数及行字数等重要版本信息。

与朱教授有过几次交往，每次都获益匪浅。11月下旬，我假道公务昆明之机，拜访了朱教授，方知近一年来他老人家身体欠安，写作时眼睛也有不适。我握着年过八旬的朱教授的手，深感愧疚。我分明看到老先生为了这篇序文劳作的身影，他希冀："作为专题书影，其所反映和记录的近百年来《徐霞客游记》的版本变迁……大大充实了徐学研究的内容，是学术史不可或缺的部分。"序文最后，他希望《书影》作为《徐霞客游记》版本索引的工具书，方便读者，流传后世。

3

"临武回途，同车相识，真是缘分。……您寄来的《徐霞客游记书影》样稿，我认真地做了拜读。当然，对我吸引力最大的不是您对各版本的描述，而是您所讲述的收集各个版本的故事。它是如此鲜活、灵动，更能于中体会到您对收集《徐霞客游记》版本的热爱与执着。"

这是 2016 年 11 月 22 日中国傩戏学研究会秘书长李志远先生给我的一封信中的一段话。11 月初，我受邀参加了湖南省临武县举办的傩·戏曲文化展演活动。我并非傩文化研究者，此次前往只是借这个机会与临武县有关领导商谈 2017 年纪念徐霞客临武考察 380 周年活动事宜。明崇祯十年 (1637) 四月，徐霞客在临武境内逗留 4 天，留下了 3000 字的日记。

那是个有百多人的活动，其中大多数是傩文化研究者。我这个行外人与他们几无交集，由于成都还有公干，提前返程。志远先生也是有事提早回京，我们二人便同乘一辆送站的汽车赶赴郴州高铁站。就是因为这一个小时的车程，我俩相识了。交谈中才知道志远先生的傩文化研究只是业余爱好，其做的学问是文献学。真乃"踏破铁鞋无觅处，得来全不费工夫"，《徐霞客游记书影》（简称《书影》）一书马上就要付梓了，却还没有一位版本方面的行家把脉。我抓紧时间向志远先生详陈《书影》的状况，终了，不管人家同意与否，直言请他为我这个版本学门外汉的小书"把把关"。也许是因为我年长志远不少吧，让他不好意思拒绝我的唐突之举。

不多日，志远便把我寄给他的样稿快递回来，有问题或有建议的地方都用红笔注明；另附信一封，从 4 个方面提出意见。我是"穷追不舍"，按照他的意见改正后，以微信的方式发给他。他希望发到他的邮箱中，便于详细观看。很快，志远把修正了的稿子发回。

4

"欢迎湖南大学的李伟荣入群！徐霞客游记的英译者来了。"

2016 年 11 月 27 日，任小玫邀请李伟荣入"徐霞客研究"群。看到"英译者"3 个字，我的眼睛不由得一亮，马上加了李伟荣先生，并告诉他我正在编写《书影》，希望将他的译本纳入。他回复说该书正在印刷中，可以先把相关信息发给我，出版后立刻送上样书。呵呵，这让《书影》增加了一个外文版。

接着，伟荣发来的"我还能给您提供几部国外研究者的外文著作书影"的信息，让我喜出望外。他说他对几种语言有把握，能够阅读，可以直接搜索并确定材料的正确性。我告诉他，《书影》一书原计划仅收入我的藏本，以物为准，都是第一手材料，便于考证，避免出现错误。"是你让我改变了只收藏本的最初想法。"如今，共有 10 个外文版《游记》的内容呈现在《书影》中。